私とピコリーノ
働く女性に贈る30の言葉

山根 以久子
YAMANE IKUKO

幻冬舎 MC

私とピコリーノ
働く女性に贈る30の言葉

はじめに

公園や街角で、金属製の小鳥が4羽とまっている車止めを見かけたことはないでしょうか。これは私が会長を務める会社の製品、ピコリーノです。「小さいもの」という意味のイタリア語「ピコラ」にちなんで付けられた造語で、「おチビちゃん」「ひよっこ」「雛」といったニュアンスです。公園の入口に設置されているアーチ型の車止めの上に子どもたちが飛び乗って転倒する事故が増えて困っているという公園の管理者の話を当時の専務・権藤千代子が小耳に挟んだことが製品開発のきっかけでした。ちょうど創業時から製造していた旗ポールに加えて新しい分野（車止め業界）への参入を考えていた私の父である先代社長の山根 朗は、まずはこのピコリー

ノからと製品化を決意したようです。私がピコリーノを初めて見たのは発売前の試作段階の時期で、部屋の片隅にあった試作品を見て、こんなかわいい製品も作るんだととても意外に思ったのを覚えています。

そこから約30年後の2006年、50歳になった私は父の急逝をきっかけにある日突然社長に任命されました。大学卒業後まもなく結婚し専業主婦人生を歩んできた私にとって、それは人生が180度変わるような出来事でした。会社員すら経験したことがないのにいきなり社長といわれても、自分にできることなど何もありません。就任当初は席に座っているだけでいいからと言われたものの、何もしていなくても責任だけは自分に降ってくるという状況が苦しくてたまらず、幹部社員たちにはことあるごとに「自分にはできない。もう辞める」と言っていました。

しかしそんなときに私の心にとまったのが、ピコリーノです。創業当時の父や当時の幹部の姿を思い出し、どれだけ苦労してこの製品や会社を築き上げてきたのかと考えるようになりました。後継者が定まらない状態での苦肉の策として、娘というだけの理由で私が社長に任命されるような状況だったため、私が会社を投げ出したら経営が立ち行かなくなり、これまでの父たちの苦労は水の泡になってしまいます。折れそうな心をなんとか奮い立たせ、自分にしかできない社長職を勤め上げる覚悟を決めました。私もピコリーノの小鳥と同じ雛だ、ピコリーノと一緒に成長して空に羽ばたけばいいのだと思うようになったのです。

会社のことも経営のこともまったく分からなかった私に仕事のイロハを丁寧に説明してくれたり、製品の組み立て方を手取り足取り教えてくれたりしたのは社員たちでした。社長として彼らになんとかして報いなくてはならない。そして男性ばかりのこの会社で「自分のことはさておいて見返りのない愛情を注ぐことができる」という子育てを経験した女性ならではの強みを活かすことが、私にしかできない社長職である。そう考えた私は2022年までの16年間、社員を幸せにするという軸を貫いた経営を行ってきました。

無我夢中で働くなかで、周囲に認められることがどれだけ楽しくすばらしいことなのかが分かり、一歩を踏み出せば世界は大きく広がっていくことを実感しました。社員たちが支えてくれるありがたみや、顧客や地域の人たちが必要としてくれる喜びは、社長にならなければ知ることのできないものでした。一人ひとりの社員を大事に思うことで、会社を良くするためにはどうすればよいのかを自ら考え行動できる社員が増えていき、現在の売上は社長就任時の約35億円から1・4倍以上増え、2022年には念願だった50億円を突破しました。それは私の社長としての最後の期を有終の美で飾ろうという、社員たちの心意気の表れでもあったと思います。

男性ばかりの会社で専業主婦からいきなり社長になった私の経験が、かつての私のように会社で活躍できる自信がない女性にとって少しでも参考になればと思い、本書の執筆に至りました。

本書では、社会に出たばかりの若い人や出産について悩んでいる人、キャリアアップを目指している人、仕事を辞めてしまったけれどもう一度働きたいと考えている人、子育てが一段落して次に何をしようかと考えている人などに向けて、自分から動くことで物事が少しずつ前進していくことや、女性が輝きながら働く方法について私の考えをまとめています。

読んだあとにほんの少しでも、もうちょっと頑張ってみようかなと思ってもらえたら、これほどうれしいことはありません。ぜひ社会という大空へ一歩を踏み出し、あなた自身の新しい世界を見つけてもらいたいです。そして、人は自分で思う以上に能力をもっています。もって生まれた才能を、どんどん発揮してほしいと思います。

本書が、あなたが幸せに生きるためのきっかけとなることを願っています。

目次

第2章
「女性だから」と諦めるのはもったいない 女性にしか描けないキャリアプラン

第3章

自分の強みをとことん伸ばす
職場で自分らしく働くために必要な心構え

第4章 今が雛《ピコリーノ》でも大丈夫 一歩を踏み出し大空へ羽ばたこう

序章

専業主婦、社会人未経験
そんな私でも
男性中心の業界で
社長として活躍できた

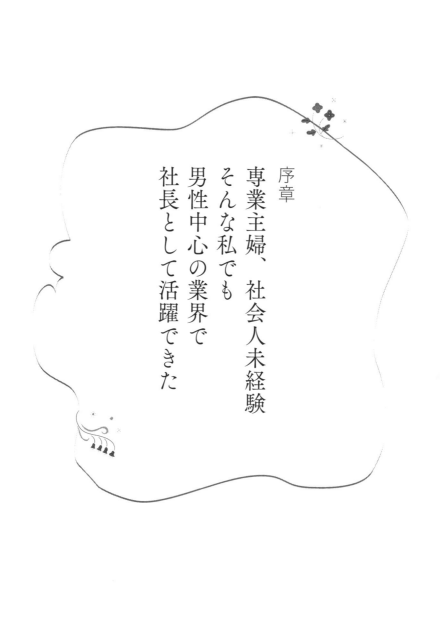

社長を退任した今思うこと

何もできない自分だったけれど、この会社の社長になれて結果を残すことができて本当に良かった。生前、私に会社にはいっさい関わるなと言っていた父も、今の会社を見て喜んでくれるだろう。

２０２２年12月、社長交代のスピーチを終えて社長室に戻り椅子に腰をかけた瞬間、私は心の底からこう感じました。そして、初めてこの社長椅子に座ってから約16年、初めの5年間は大変だったけれど、その後は愉しいばかりだったなと、創立50周年の記念品に作った「ピコリーノ」の置物の頭をなでながら、これまでのことを思い返していました。

私は現在、旗ポールや車止めを製造している会社の会長を務めています。旗ポールって何だ?と思う人も多いかと思いますが、旗ポールとは学校や会社、公共施設や競技場などで旗を掲げるために使われる棒のことで、フラッグポールや国旗掲揚ポールなどさまざまな呼び名があります。

そんな旗ポールを1970年から50年以上にわたり作り続けているのが、私の会社です。旗ポールだけでなく、1980年頃からは車止め業界にも参入しました。

私は6代目として売上低迷期だった2006年に社長に就任し、2022年までの16年間で経営をV字回復させ、旗ポールの全国シェア80%、車止めの全国シェア35~

40%と、どちらの業界でもトップメーカーの地位を築くことができました。こう聞くと辣腕の女性社長のように思われるかもしれませんが、実は私は大学を卒業してから社長になるまで約30年間、社会人経験もまったくなく専業主婦として生きていた人間です。3児の母として毎日育児や家事に奮闘し、きっとこのまま趣味を楽しみ、孫ができればその世話をし、のんびり一生を終えるのだろうと思っていました。ところがちょうど50歳を迎える頃、当時会長だった父の死をきっかけに突然私に社長就任の話が舞い込んできたのです。社会人未経験の専業主婦に社長なんて務まらない、私にそんな素質はない、せめて社員の誰かを任命すべきである。当時は本気でそう思っており、何度も何度も自分にはできないと断りました。しかし、最終的には社長就任を受け入れ、16年間経営の指揮を執ることになったのです。

試練はある日突然やって来る

父が亡くなった――。２００２年7月28日、それはあまりに突然の出来事でした。長年にわたって社長として会社を引っ張ってきた父が急に亡くなり、社内は混乱の渦に陥りました。

創業者片岡完五の後を継いで、社長として会社の基礎を創り上げた父は、いわゆる昭和の経営者というイメージがぴったりな人で社員を引っ張る力に長けており、社員にとっては精神的支柱でもありました。小さい頃から父の働く姿を見ていた私は、たびたびその背中を見てはかっこいいなと思っていたものです。亡くなる2年前である2000年には社長から会長に就任し、徐々に経営から退くつもりだったそうですが、バブル崩壊の余波を受けて売上は低迷状態に陥ってしまいました。後を継いだ私の夫である3代目社長山根祐治に経営を任しきれず、自分が社長に返り咲くつもりで粛々と準備を進めている矢先でした。そんな父が突然亡くなったのです。カリスマ経営者だった父の不在という穴は大きく、これから会社はどうなってしまうのかという不安が社員たちを襲い、後を継いだ社長も2人続けて短期で退任していました。

そこで次の社長として白羽の矢が立ったのが、父の直系親族である私だったのです。青天の霹靂とはまさにこのことでした。私は戸惑い、受け入れられませんでした。大学卒業後すぐに結婚し会社員の経験もなく専業主婦として生きてきた人間が、いきなり社長として会社を引っ張るなどどう考えても無理に決まっています。当時副社長をしていた叔父には自分には務まらないと何度も伝えましたが、お前が継ぐしかないの一点張りで、私を逃がしてはくれませんでした。

そんな社長になるかならないかの論争を私と叔父で繰り広げていたとき、主人の母の妹で元経理課長だった叔母が、優しい、しかしちょっと複雑な微笑みを浮かべながら私に掛けてくれた言葉がありました。

「どうせ潰すのだったら、あなたが自分で潰しなさいよ」

それは叔母なりの激励であり、願いであり、そして愛情でした。どうしても誰かがやらなければいけない、父の想いを継げるのはあなたしかいないのだから……そう言ってくれたのだと思います。

叔母の言葉に背を押されて、私は叔父の頼みを引き受けることにしました。何もやらなくていいから、座っているだけでいいからと言われ、それならばと渋々承諾したのです。

しかし、そこから先に待っていたのはつらく苦しい日々でした。いくら座っているだけでいいと言われても社長は社長、会社の最高責任者です。日が経つにつれて会社の代表として何もできない私はこの先どうなるのだろうという不安にさいなまれるようになりました。製造技術もなければ経営知識もない置物社長だった私は何をどうしたらよいのかも分からず、ただの傍観者です。会社は私が何もしなくても回っていましたが、結果の責任はすべて私にかかってきます。このような状態が私にとっては非常につらく、もう辞めてしまいたいという気持ちでいっぱいでした。

苦悩の日々を支えてくれたピコリーノ

毎日鉛のように重い心を引きずるようにして会社に足を運んでいた私ですが、それでも逃げ出さずにいられたのはピコリーノのおかげでした。ピコリーノとは私の会社が1983年に車止め事業に参入する2年前、本格導入に先駆けて1981年に製造を開始した小鳥付きの車止めです。「公園の入口に設置されている門型の車止めの上に、子どもが飛び乗って座るなどして転倒する事故が多く困っている」という公園管理者のつぶやきを聞いた当時の専務権藤千代子が、従来のアーチ型の車止めの上に小鳥を乗せるというアイデアを思いついたことで開発されました。そんなピコリーノの開発当時の様子を見ていた私はピコリーノを見て、父や社員たちがどんな思いで会社を成長させてきたのかを考えるようになりました。そして、自分はピコリーノの小鳥と同じ雛であり、これから社長として社会という大空に向かって羽ばたけるようにならなくてはと思ったのです。

ピコリーノは会社のなかで「夢と機能の融合」の象徴とされていました。男性ばかりのこの会社に私の居場所などないと就任当初は思っていましたが、機能だけでなく夢も追いかける、そんなピコリーノの存在に勇気づけられ、夢を追いかけるという考え方であれば私でもできることがあるのではないかという希望が湧き上がってきました。

その後さまざまなセミナーを受講したり、社員たちとの交流を重ねていったりするうちに、徐々に私のなかに、自分を信じて、自分の信じる道を突き進むのだ、私がやるのだという覚悟が生まれてきました。実際にはまだ相変わらず何も知らず何もできない社長でしたが、覚悟ができてからは怖いものがなくなったのです。

気持ちが定まり、私は社長としての自分がやりたい方向性も固まってきて、2011年期の経営方針書には社長になって初めて自分の想いを込めた文書を書くことができました。そして、上期が終わる頃、ある社員の行動を見て、私の言い続けてきたことをやってくれているのだと感激したのです。具体的に何かは思い出せないのですが、とても感動したことはよく覚えています。

皆が私の思う方向に動き出したのを実感すると、私も相乗効果でますます元気になります。次第に社員が自ら動くのに慣れ、メンバーの輪も大きく広がっていきました。社員の幸せを追求することで社員たちはいきいきと働けるようになり、その頑張りが会社の利益となって返ってくるというサイクルができたことで、私は業績のV字回復や夢だった売上50億を達成することができたのです。

就任当時の私は、自分に社長など絶対に務まらないと思っていました。しかし、自分にできることは何かを考え一歩を踏み出してみた結果、私にしかできない活躍の仕方に気づくことができたのです。社員たちが支えてくれるありがたみや顧客が必要としてくれる喜びは、社長にならなければ知ることのできないものでした。振り返れば、決して私の道のりは平たんではありませんでしたが、あんなに嫌だった社長も、今はこうしてやれてよかったと心から思えるほどになれています。

こうした自分自身の体験、そして周囲の社員や経営者仲間を見てきた経験から、人生のあらゆるステージにいる女性に向けて、30の言葉を贈ります。かつての私のように会社で活躍できる自信がない方の心に、何か一つでも残るものがあれば幸いです。

第一章

自分に自信がない人へ
自分の限界は
自分がつくっている

誰かが助けてくれるだろうという考えは甘えである

新米女性社長への戸惑いと不安

社長就任が決まった当初、私はどこか楽観的に構えていました。叔父が社長に引っ張ったのだから、きっと叔父が助けてくれるはずだと当てにしていたのです。確かに1年目は、本来社長がやるべき業務をいろいろと肩代わりしてくれていました。月初めに全社員が集まる全体朝礼での訓話や部門長会議での発言、期の初めに作成する経営方針書の作成も叔父がやってくれました。

しかし2年目以降になると、社長だからこれくらいできて当然だと言い放ち、私にどんどん仕事を押し付けてきます。突き放された私はパニック寸前です。月初めの朝礼が近づくと何を話せばいいかと悩んであちこちの本を広げ、新聞をくまなく読んでは、必死にその場を取り繕うためのネタ探しに苦労していました。もちろん貸借対照表・損益計算書の読み方などチンプンカンプンですから、財務の基本を講座や本で一から勉強しなければなりませんでした。

しかし、そんな付け焼き刃的な対応でうまくいくはずがありません。本社の朝礼で社員たちの前に立つと、100人以上の目が一斉に私に注がれます。その一人ひとりの目からは、仕事は遊びじゃない、この社長で大丈夫か、といった不安や反発が痛いほど伝わってきました。

社員たちは私より社歴が長く、実務を通して自分の部門にも精通しています。創業当時から関わってきた父は会社のすべてを熟知した社長でしたが、私はそれまでの経緯をまったく知りません。財務的な知識もなく、経営者どころか社会人としても新人同然です。

社員にしてみれば、何も知らない社長の娘が偉そうなことを話しているという反発があったはずです。会社の先行きが見えず不安な思いをしているところに、苦労知らずの主婦がやってきたのですから、当然の感情だと思います。今となってみれば社員たちの不安はよく分かり実に申し訳なかったと思いますが、当時は自分のことだけで頭がいっぱいで、どうして私がこんな目に遭わねばならないのかとさえ思っていました。

幸いだったのは、そんな私のせいで急に会社が潰れるということにはならなかったことです。なぜなら父が築いた経営基盤がしっかりしていたからです。社員たちに浸透していた経営哲学、顧客との信頼関係など、父の残した偉業にあらためて気づかされることがたくさんありました。

ただ、それはむしろ当時の私にとっては重荷で、何もできない自分の無力感を突き付けられるだけだったのです。そんななかで孤立している無力な自分が情けなくて、誰もそんな私を擁護してくれる人がいないことに拗ねていました。

簡単には潰れない会社だとしても、やはり当時社員たちが抱えていた危機感は大きかったようです。私自身、社長の肩書をもちながら社員の背中を追うのに必死で、彼らが話している内容についていくだけで精いっぱいでした。社長としての抱負もなく、自信もてません。

周りにいた幹部社員たちも大変だったと思います。私は彼らにもう辞めると何度弱音を吐いたか分かりません。そのたびに彼らは、自分たちの前で言うのはいいけれど社員が不安がるので皆の前では絶対に口にしないようにと諭してくれました。

結局のところ、私はずっと心のどこかで、誰かが助けてくれるはずだと甘えていたのです。そんな受け身の態度では、やはり何もできませんでした。もう全部放り出してしまいたい、辞めてしまいたいと思いながら、毎日重い心を引きずるようになんとか会社に通っているだけの状態でした。

また、それまで社会に出て働くという経験のなかった私には、会社や社会の常識も分かっていませんでした。特に当時はまだ男性中心の会社で、専業主婦としての付き合いでは経験することがない世界でした。女性だけの環境とは話し方も物事の決め方もまったく違いました。

男女のギャップを感じ、女性が男性社会に出て行って仕事をする難しさを初めて認識したのもこの時期でした。

自信とは驕りではなく、自らを信じること

お尻に火を付けた専務の言葉

社長に就任し1年ほど経った頃、副社長だった叔父が相談役になり、新体制がスタートしました。

一時は厳しく社内を統制していた叔父も、内心では早く責任からラクになりたかったのだと思います。相談役になって1、2年経つ頃にはあまり口やかましく言わなくなっていました。そして、私と同じくらいか少し下の世代の社員たちが幹部となって、私と一緒に会社を立て直していくことになったのです。

とはいえ、私自身は経営者として未熟でした。会社を背負うのは自分しかいないと覚悟を決めたものの、やはり実績がないため、自分に自信をもつことができません。

しかし私がいつまでも自信がないと言い続けていると、今度は叔父ではなく、当時ナンバー2として会社を率いていた吉本宏夫専務に社長としての自覚がないと叱られてしまいました。専務は私の不甲斐なさに呆れ、やる気がないなら辞めたほうがいいと突き放したのです。

経営道場のようなセミナーで経営論を磨く

専務に叱られたのはショックでしたが、私もこのままではいけないと焦っていました。

商工会議所などで手当たり次第にいろいろなセミナーを受けても、経営者としての実力がつき実になっていく実感は得られません。今の私には、知識中心の短期セミナーではなく、長期で道場のようにしっかり鍛えてくれるような機会が必要だと考えていました。

そんなとき、私と同じように家業を継いで社長になった女性の勧めで経営者のためのビジネススクールで開催されていたセミナーに参加します。それはまさに私が考えていた経営道場のようなところでした。月に4～5回ほど通って経営学や論理学、交渉術、人事マネジメントなど、ビジネス全般に関わる講義を受ける以外に、毎回、課題図書を読んでレポートを書いては添削してもらい、論理的に考える訓練や自分の考えをまとめる訓練をします。受講者の前でさまざまなプランを発表したり、プレゼンテーションの練習や、グループワークで経営事例の研究もしました。

セミナー自体は面白く、話を聞いているときには分かったつもりになりますが、「分かった」と一口に言っても「知っている」「腹落ちしている」「使える」などいろいろな段階があります。ノートにせっせと書き込んだことが実践できるか、自社の状況に合わせて応用できるかというのはまったく別次元のものです。

とはいっても、新米社長の私にとっては「ただの知識」でさえ貴重な財産です。そんなことも知らないのかという相手に、私は主婦だったのでと言い訳するわけにはいきません。すぐに実践できるレベルで身につかなくても、私には十分に収穫の多い経験でしたし、こうして勉強を重ねることを通して、私のなかに社長としての自覚や心構えが少しずつ芽生えていったという点でも有益でした。当時セミナーの講師からは、「経営者のなかに主婦が一人いる」とよく言われたものです。私は経営者とはなんなのか、一つも分かっていなかったのです。

私は1年ほど通い続け、最終的には自社の経営方針をまとめました。会社の業務以外でこうしたことを続けるのは非常にハードで多忙な日々でしたが、やり遂げたときの手ごたえと充実感は自信につながりました。また、その後「社長の仕事とは何か」「何のためにこの会社はあるのか」「社長として私は何をすべきか」と深く考えるきっかけにもなりました。

自信がないというのはやらない言い訳

実務の勉強も役立ちましたが、とりわけ「自分の考えをまとめる」訓練の意義が私にとって大きく、その後経営者としてやっていくうえで助けとなる重要な成果でした。セミナーに通ってほかの経営者と交流したり、さまざまな人の話を聞いたり、本を読んで自分の考えをまとめるうちに、自信をもつ大切さが身に沁みて理解できるようになり、私は自信という言葉の意味を誤解していたことに気づきました。

それまでは、自信という言葉に誇りや驕り、誇示などのニュアンスを感じ、どこか鼻もちならないようなイメージをもっていましたが、自信という言葉は、本来は「自分を信じる」ということです。自分を信じて必死でやり遂げる覚悟をもつことです。

そして、誰でも自信というのは初めからあるものではなく、自分自身でつくっていくものです。それなのに「自信がない」と言い続けるのは、単に甘えに過ぎません。

それまでの私は、自分には実績もないし、経営の知識もないから経営者としての自信がないと言っていましたが、それは経営者としてやり遂げる覚悟をもたないと宣言しているようなものだったのです。

また、私は自信がないことを言い訳にして周りに責任転嫁ばかりしていたことにも気づきました。自分を信じられなければ、頑張ろうという気力も湧いてきませんし、ほかの人から信じてもらうこともできません。専務の怒りと、セミナーでの学びや人との交流をきっかけに、私はようやくそのことが理解できたのです。

まずは自分を信じて、やってみる

それからは、どんなときもまずは自分を信じてやってみようと思うようになりました。意識が変わると行動も前向きなものに変わっていきました。

すると、社員のほうでもそれまでよりずっと真剣な顔で話を聞いてくれるようになりました。やはり本気は周りに伝わるのです。私に腹を立てていた専務も、私がやる気になったことが分かると、頼もしい味方として協力してくれるようになりました。「こうしよう」と自分で軸を決めたことでようやく決心がつき、不安や迷いがなくなりました。

今の私は社員に、もっと自信をもつようにと声を掛けています。すると、そんなに簡単に自信なんてもてないと言う人もいます。

最初から自信のある人なんていません。私が言いたいのは根拠なく自分に誇りをもてということではなく、まずは自分を信じてやってみるということです。自分を信じてやっているうちに、できるようになることはたくさんあります。

特に若い人は一人で悩み続ける前に、目の前のことを必死に頑張ってみてほしいと思っています。頑張っていればいつか成果が出てきます。成果が出ればまたやる気が出てきます。するとますます成果が出て楽しくなってきます。

「自信」という言葉を、「自分を信じる」と置き換えると、きっと前向きな行動につながっていくはずです。

覚悟をもてるようになれば、おのずと道は拓けてくる

覚悟ができたら、もう大丈夫

奮闘を続けながら、私はなんとか社長としての覚悟をもてるようになっていきました。気がつけば社長就任から5年ほどの月日が経っていました。

人間は、いったん覚悟ができると腹が据わります。すると、私が社長でいいのかという不安や躊躇もなくなっていきました。自信がないからできないなどと言っている場合ではなくて、今、自分ができることを必死にやるだけです。

いったん覚悟ができると、なんでも自分から前向きに取り組めるようになっていき

ます。私も社長としての覚悟をもてるようになってから、社内の体制や目標について考える際にも、経営を学ぶ際にも、前向きに取り組めるようになっていきました。今の私にはここが足りないから、もう少し勉強してみようと客観的に判断できるようになったのです。

以前は社長なんて絶対に自分には無理だと思っていましたが、一年間のセミナーが終わる頃には社長を辞めるのはもったいないと思うようになっていました。経営について学ぶうちに「こんな会社にしたい」と自分なりのイメージができてきたのです。自分が会社の舵を取って新しい会社を作るのだという意識に変わりました。

父がつくり上げてきた会社をそっくり同じ形ではなく、これからの時代や環境、そして社員や取引先にとって一番良い形でつないでいく必要があります。何より、私自身が納得できることをやらなければ、これからも続けていくことはできません。

私なりの会社像を考える

私自身が納得できる会社経営をしていこうと覚悟を決め、まず考えたのは利益重視の体質に対してもっていた違和感についてです。

もともと父の代から利益重視の経営でしたが、父の死に前後して業績が悪化し始めると、厳しいコストカットが断行されていきました。社内の行事がどんどん中止され、雑誌への広告や社報はなくなり、新しい挑戦は忌避されるようになり、未来への投資といった視点はなくなりました。

新規製品開発も一気に縮小してしまいます。夫がデザイナー気質でしたから、ベンチやステンレスの道路支柱などに斬新なアイデアを凝らし、１９８６年から２００３年まで毎年のようにグッドデザイン賞を受賞する製品を世に出していましたが、そういったこだわりの製品づくりも中断されました。

結局、ある程度経営が持ち直したあともコストカット優先の傾向は変わりません。現状の売上や利益を落とさないことに必死で視点がすっかり内向きになり、社内には新しいことに挑戦する気概や事業を広げる熱意が感じられないのです。社員たちは皆、目の前の数字を確保することだけに縛られていました。

もちろんお金は大事ですし、企業の主要な命題は利益向上であるとの理屈も分かります。しかし、それだけになってしまうことがいい状態だとは私には思えませんでした。そこで私は、そうした体質そのものについて、私が納得できるものにしていくべきだと考えたのです。

売上を伸ばすことが一番大事と言われてきたけれど、では、何のために売上を伸ばすのかといえば、社員が幸せになるためではないだろうか。売上や利益は最終的な目的ではなくて、社員の幸せを叶える一つの条件に過ぎないはずだ。

そう考えたとき、目の前がパッと明るく開けた気がしました。当時の私は経営の素人で、売上や事業を伸ばす方法は分かりません。しかし、経営者としての経験が少なくても、社員を幸せにしようという思いさえあれば、できることはたくさんあるはずです。

私の経営は社員を幸せにすることが目的だ、という軸を見つけて、ストンと腹に落ちる感覚がありました。またそう考えることで、利益を上げることの大切さについても納得ができ、私でも頑張れるという気持ちになったのでした。

社員の幸せを考える経営

社員は幸せになることで、やる気やチャレンジ精神、モチベーションも高くなり、困難を乗り越える力も生まれます。気持ちも前向きなものに変わってきます。売上や利益の維持や拡大も、社員が幸せになれば、あとから必ずついてくるはずだと考えました。

「利益第一」から「社員の幸せ」へ目的が大きく変わったことで、私のやるべきことが見えてきました。短期的な利益の追求だけでなく、これからこの会社を発展させていくためにはどうしたらいいかという長期的な視点から経営を考えるようになったのです。

ただ、社員を幸せにするという私の方針が、すぐに周囲の賛同を得たわけではありません。現在はES（従業員満足）という考え方が浸透していますが、当時はまだ一般的にも希薄でした。また、明確な実績に関わらないことには時間を費やせないという考えが社内に根強く、幹部社員たちを納得させるのは難しい状況でした。

しかし従来の方法を踏襲しているだけでは、その先の発展はありません。そこで、2011年10月の第42期経営計画書では、まず「新しい顧客の創造に向けての新たな活動」という基本方針を掲げ、新製品の開発や新規顧客の開拓を目指すことを記しました。この経営計画書は、社長になって5年後、私が初めて自分自身による言葉で納得できる内容に書けたと思っています。

それまでの経営計画書は、最初の1年目は叔父に代わりに書いてもらい、2年目からは私が父の過去の経営計画書や本などから借りた言葉を使ってなんとか書き上げていました。

この年に自分の言葉で書けたのは、やはり自分で軸を決めたからです。

経営も同じです。成功した人たちのやり方に倣ったり、コンサルタントに頼ったりして「正解」を求めるのは悪いことではありませんが、それで必ずしも成功するとは限りません。その会社にはその会社のやり方があります。

最終的に責任を取るのは社長ですが、誰かの言葉に従っているだけでは問題が起きたときに迅速に対応することもできません。また、自分で納得した内容でなければ責任は取れません。だからこそ、自分が思ったように行動しないといけないのです。自分がこれだと納得できることでなければ対応できないし、無理をして自分の手に届かないことをしても、きっとうまくいきません。

社長に就任してからの5年間で、私はそのことを強く実感するようになりました。

一歩踏み出せば、世界は大きく広がっていく

やり遂げる覚悟をもっているかどうか

ようやく自信をもつことの大切さを知った私ですが、もともと自分から手を挙げて行動するタイプではありませんでした。

一般的に、経営者には自信のあるタイプが多いと思います。特に女性経営者の知り合いには積極的に前に出ていくタイプが多いです。しかし私は、なるべくなら前には出たくないと思って生きてきました。

リーダーシップを執って行動することもあまりなく、先頭に立ちたいと思う人がや

ればいいと考えていたのです。特に子どもの頃はそうした傾向が強かったためか、当時の友達は皆、私が社長をやっていることに驚いています。

しかし、いざ自分が先頭に立ってやらなければいけない立場に立ってから、先頭に立っている人は皆、覚悟と勇気をもって前に出ていることに気づきました。自分には才能がないなんて単に逃げている人の言い訳です。

そして自分がやるしかないという立場になって覚悟をもってみると、未熟な私でもやれることはたくさんありました。大事なことは自分に才能があるかどうかではなく、やり遂げようとする覚悟や気力をもっているかどうかということです。そして、実際に行動するかどうかです。

たとえそこで失敗しても、また挑戦すればいいのです。そうするうちに実績がついていき、確かな自信が身についてきます。

自分には自信がないとか、経験がないからと決めつけず、まずは一歩踏み出してみることが大切なのだと思います。一歩踏み出せば世界は大きく広がっていくはずです。

自分にしかできない輝き方がある

自分にできることは何かを考えてみる

今思うと、専業主婦の頃に2度ほど、当時の私には珍しくリーダーシップを発揮して周囲を引っ張ろうとしたことがありました。

1度目は、次男が小学生のときに所属していた少年合唱団の会長に私が立候補したときのことです。理由があって会長になりたかったわけではないのですが、車の運転ができて、下の子どもがいない、家も近い、身軽に動けるという条件に合うのは私くらいだと気づいて、自分から手を挙げたのです。周りはとても驚いていましたが、私自身は、この役目は自分にしかできないとの想いで一歩前へ踏み出したのでした。

2度目は、仲間とリコーダーのサークルを発足させたときです。

今から20年ほど前、ある雑誌に出ていたリコーダーのサークルメンバー募集広告に惹かれて応募したら、私1人しか志望者がおらず、結局、広告を出した方と2人でサークルをつくることにしました。

最初は2人で始めて、少しずつメンバーが増えていきました。

そのサークルでは年に1回、大きな会館の大音楽室を借りて定期演奏会を開催していました。演奏会ではチラシやパンフレット作りから曲の選定、会場の飾り付けまで全部自分たちでやっていて、活動してみたら本当に愉しくてまったく苦に感じませんでした。毎年、どんな演奏会にしようかと考えていろいろなことにトライしていました。

例えば、友人のなかでできそうな人に目を付けて音楽に合わせて詩を朗読してもらったり、華道を習っていたので自分たちで花を活けたり、華道の先生に本格的なお花を活けていただいたり、皆で菓子を焼いて、来てくれた人に配ったこともありました。やることを決めて、分担やスケジュールを振り分けて実行していくのも愉しく、何かを企画することやプロデュースをすることが意外と好きだったのだと気づきました。朗読の詩集を選ぶのも愉しくて、心にピッタリくる詩集を求めて、本屋さんで何時間も立ち読みしたものです。

演奏会でMCは私が務め、演奏曲の由来や音楽家の紹介などの話をしてみると、自分自身、意外なことに心から愉しんでいました。自分が人前に出るのも話をするのも、実は苦手ではなかったことに気づいたのです。

考えてみれば、こうした活動は今の社長業につながる良い経験になっています。何より、それまでは自分が確実にできそうなことしか手を出さないタイプでしたが、やってみたら自分でもできるということを実感しました。

新たに挑戦してみて自分の意外な一面に気づくこともあります。挑戦によって思わぬ能力が開花していく人もいます。最初は臆していても、一歩、外に出れば新しい世界が広がっていきます。だから、どんなときでも自分には無理だと決めつけず、自分にできることはないか考えてみることが大事です。

自分の「好き」から何かを始めてみる

これから世界を広げていきたいという人は、まず自分の好きなことを何か始めてみるのもいいと思います。

時々、どうやって自分に合う仕事を見つければいいかと聞かれることがありますが、何か好きなことがあるなら、それを育てて仕事やライフワークにつなげていくのも一つの方法です。一歩踏み出すときに、自分の「好き」を仕事にしてみるのです。

例えば、私の友人に洋服作りを仕事にしている人がいます。彼女は普通の家庭の主婦でありつつ、洋裁が好きで自分で服を作っていました。なかでもガーゼ素材を使った洋服を作ったところ、柔らかくて着やすいために評判になり、そのうち自分で作った服をインターネットで売り始めて、ついに会社まで作ってしまいました。

今彼女は引退して、甥がその事業を継いでいます。自分の得意なことや好きなことを活かして起業し、一代では終わらないビジネスにまで発展させているのです。

別の友人の女性はＩＴ系の会社に勤めていてシステム構築の仕事やセミナー講師などさまざまなことをしていましたが、そのうち自分で起業して、女性従業員だけのＩＴ関連の会社を作りました。その人も、自分が進んで前へ出るタイプの経営者ではないようですが、コミュニケーション上手で物腰が柔らかく、自分が好きなことを好きな人たちと愉しそうにやっている印象があります。

どちらの女性も、自分の好きなことを続けて、愉しそうに仕事をしています。

ただし、実際のビジネスでは大変なこともありますから、単に好きだからできるという簡単なことではないはずです。自分が、これだと思うものを見つけたら根気よく育てていく努力が必要です。

それでも、まずは挑戦してみなければ始まりません。何かピンと来るものがあったら、まずは飛び込んでみることが、自分の新しい一面を引き出すための第一歩です。

気楽に声を掛けてもらえる存在になろう

一歩踏み出したいけど、踏み出せない人へ

なかには一歩踏み出したいけれど、なかなか踏み出せない人もいます。私もそうなので、気持ちはよく分かります。経営者仲間の女性たちはキラキラしていて社交的な人ばかりで、彼女たちを見ていると自分には向いていないと思ってしまいます。私自身は背中を押してくれる人がいないと、自分からなかなか踏み出せないタイプだったからです。

自分から積極的に動けないタイプの人は、自分の背中を押してくれる人を大事にす

ればいいのです。声を掛けられたチャンスや、声を掛けてくれる存在を大切にするべきです。

声を掛けられたということは、「あなたならできるはず」「あなたに任せたい」と思われているということです。チャンスをもらったらありがたいこととととらえて、100%自分の力を出し、しっかり期待に応えることが大事です。

私も自分からはあまり手を挙げませんが、大学での講演などを知人や友人から推薦を受けてやらせてもらうことが多いです。そこからいろいろな話が広がっていくこともありますから、地元の数ある経営者のなかから選んでいただけるのは、とてもありがたいことだと思っています。

ビジネススクールの方からも時々声を掛けられて、セミナーの講師を務めることもあります。普段から声を掛けてもらえるように頑張っておくということが、私の生き方かもしれません。主体的に動く生き方もあれば、人に声を掛けられたときに頑張る生き方もあるということです。

人との縁で人生は変わっていく

私が社長に選出されたきっかけは、叔父ではなくある幹部社員の推薦だったことをあとになって知りました。その人自身は事情があって私が社長になったあとしばらくして会社を辞めてしまいましたが、その人とはそもそも子ども同士の小学校が同じで、互いに知り合いでした。会社が業績不振で大変になっていたとき、その人が私を社長にすればいいのではないかと言い出したそうです。当時は専業主婦で会社に勤めた経験もない私のどこを見てそう思ったのか分かりませんが、とにかくその人がそう言ったことをきっかけに、叔父が私にやらせてみようかと思うようになったそうです。

人生というのは本当に分からないもので、その人の一言がなければ、私が社長になることはなかったはずです。人とのつながりや縁で声を掛けてもらえることはたくさんあり、意外なところで人間関係がつながっていて、運命が大きく変わっていくこともあるのです。

ですから、私は社長になってからは特に、自分に声を掛けてくれる存在を大切にしています。どこで何につながっていくか分からないからです。

一生懸命な人には誰もが手を差し伸べたくなります。認められたかったら、普段から目の前のことを一生懸命やっておくことが大事です。少なくとも、他人に責任転嫁する人や周囲や環境のせいにして文句ばかり言っている人には声を掛けにくいものです。周りの人は見ていないようで、意外と見ています。

自分から声を上げられないという人は、まず気楽に声を掛けられる存在になることです。その積み重ねが、あなたの人生を大きく変えていくはずです。

これまで生きてきた自分の感性を信じよう

私らしい経営のスタートへ

しばらく悪化していた業績は、私が社長に就任したあとも4年間ほど低迷していましたが、ちょうど私が覚悟をもち始めた頃に底を打ち、次第に明るい兆しが見えてきました。幸いにも、その頃に日本を代表する企業からの大型受注が始まるという幸運もありました。

この時期から、私は少しずつ自分らしい経営体制へ変えていきました。私自身の覚悟ができ、軸も見つかりました。会社の状態も落ち着いてきたので、今こそ転機という整ったタイミングでした。セミナーなどを通して知識や経営手法をいろいろと学んではいましたが、私がいちばん大事にしたのは自分自身の感性です。この時期にスタートした施策はいくつかありますが、大きいのは以下の3つでした。

① トップダウン体制からボトムアップ体制への移行
② 中止されていた社内行事の復活
③ 新しい組織づくりと評価制度の復活

父の時代のようなトップダウン式の経営から、私は、社員の意見を取り入れるボトムアップ式の経営へ移行を進めていきました。

私には会社の業務すべてで経験や実績というものがありませんから、社員を幸せにする経営をしたいという想いがあっても、想いを具体化する方策にまで考えが及びません。また、社員が幸せになるためには何をしたらいいのか、どうしたら仕事に対して前向きになれるのかなどを、社長1人が考えて社員に押し付けるのも筋が通らないと思いました。そこで、社員たち自身の意見やアイデアを取り入れようとしたのです。

しかし、もともと強いトップダウン体制の会社だったため、社員には自分たちが意見やアイデアを出すという意識がありませんでした。トップが方向性や具体的な方法をすべて指し示すのが当たり前であり、社員は指し示されたとおりに実行するのみで、自分の意見を言うなどもってのほかだという社員教育がなされていました。そのため、皆で意見を出し合おうという私の言葉は当初、当時の社員たちには「社長の甘え」と感じられたようです。またいきなりそう言われても、具体的に何をすればいいのかよく分からなかったといいます。

これは社内だけの傾向ではなかったかもしれません。高度成長時代には有能なトップがいて、トップの言うとおりに社員が動けば会社は成り立っていました。そして、製品を作れば作っただけ売れた時代です。

しかしそんな時代はバブル経済の崩壊とともに終わりを迎え、社会全体に、これまでと同じようなことをしていても先の発展はないという論調が目立ち始めていました。その影響もあってか、社内でも10年以上業績悪化の時期を経験してきたあとで、そろそろ新しい体制を整えなくてはいけないという空気が生まれつつありました。

この時期に始めた制度に、社内提案制度があります。社内のどの部署の人間でもいいから自由なアイデアを募集する制度でした。私の考えることだけでは世界が狭くなってしまうので、社員から広く意見を募りたいと思って始めたものです。制度が定着するまでには少し時間がかかりましたが、それでも少しずつ社内は変わっていきました。今振り返っても、この変化は不思議でした。徐々に、トップの考えに従うだけではなく、社員それぞれが考えて行動するという社風に変わっていったのです。いつの間にか社員たちは自ら動くことに慣れていき、次第に主体的に動くことを楽しめるメンバーが増えてきました。

生前、父はよく経営を農耕に例えていました。目先の刈り取りを急ぐのではなく、きちんと育てて穂が実るのを待てば知らないうちに売上は上がってくるのだということです。だからこそ、顧客一人ひとりを大事に、一本一本の受注を大事にするというのが創業当時からの精神でした。

社内も同じです。方向性を定めてじっと待っていれば、いつの間にか皆が動き出すのです。慌てて動いても効果はありません。土壌をつくってしっかり種まきをして、あとは皆が育つのを待てばいいということを実感しました。

社内文化や行事の復活

長期にわたるコスト削減策によって、いろいろなものがカットされていました。社内報の休刊、経営方針発表会議の全社合同開催中止、宣伝広告の削減、創立記念日の紅白饅頭の配布中止などです。

これらの中止の経緯は曖昧で、厳しいコストカットが行われるうちに図らずも途絶えてしまったものが多かったようです。落ちていく売上をなんとかしようともがくなかで、捨てるべきではないものまで捨ててしまった部分もあったと思います。

例えば、経営方針発表会議は年に一度、本社だけでなく東京支店の人も含めた全社員が参加し開かれ、社員同士の交流や意識を高めるための格好の機会でした。社内報は会社や社員のことだけでなく、取引先について知る良い機会でもありました。

創立記念日の饅頭配布は父の代からの恒例行事で、社員に宛てた社長からの手紙を添えて紅白の饅頭を配っていました。「今年も1年無事にやって来られたのは、社員の皆が頑張ってくれたおかげ」という感謝の気持ちを込めて父自らが率先して行っていたのです。

なくなってしまえばどうということのない行事でも、なくなっていくと同時に会社への愛着や一体感、モチベーションも失われてしまうと私は考えました。

私はこうした行事を一つずつ復活させていきました。

製品宣伝の広告出稿や新たな展示会への出展も10年以上中止され、ホームページの更新まで停止されていましたが、順次再開させていき、企業姿勢を社内外に明確に打ち出すことにしました。内向きになっていた社員の目を外に向けなければ、新しいことは考えられないと思ったのです。多くの人に会社を知ってもらうことで、社員としての自覚や責任、誇りが育っていくと考えました。

新しい組織と評価制度をつくる

社員を幸せにする経営を意識した私が特に注力したのが、新しい組織づくりと評価制度の復活です。

まず行ったのが、広島本社と東京支店の各部門の統括です。コスト削減のために会議や交流が減り、本社と東京支店が疎遠になってしまっていました。それでは東京支店が孤立してしまい、東京支店の社員は会社の全体像が見えなくなります。私は、この孤立感は放置するべきではないと強く感じていたのです。

それを避けるために、広島本社の営業管理部や技術開発部、営業企画部が東京支店も統括して、広島と東京の間で頻繁に連絡を取り合う体制に変えたのです。社内の人間関係を良くするためには、社内に断絶や孤立を生まないことが大事です。そして人間関係が良くなれば、社内業務はスムーズに回り始めます。

評価制度に関しても、上司が部下を評価する制度を整える時間や手間の削減を理由に行われていませんでした。しかし当然のことですが、年次や年齢でしか昇給しないのであれば、社員のやる気はしぼんでしまいます。私の考える、社員の幸せのための経営を実現するには、給与と働きがいの問題は絶対に避けられない重要ポイントでした。

当時の業績はまだ低迷中でしたが、社外の経営コンサルティング会社と相談して評価制度をつくり、昇給制度を復活させました。最初は他社の評価制度をヒントにし、徐々に当社らしい評価制度を設け、各部署から上がってくる評価表によく目を通して給料に反映させるようにしています。もっとも、社員から見ればまだまだという印象のようですが。

私が社長になったときの社内は停滞していることばかりだったため、手を付けることは山ほどありました。最初は、父が大事に残した会社なのだからなんとかしなければいけないという思いからでしたが、徐々に自分らしい経営へ変わっていきました。

私は経営の素人でしたが、これまで生きてきた自分の感性を信じて、社員を幸せにするためにはどうしたらいいのかと必死で考えたのです。そうするうちに、会社に対する認識も、父の会社ではなく、自分が責任をもって経営する会社へと変わっていきました。

未来のための投資を怠らない

ファブレス経営から内製化へ

この時期の大きな決定としては、未来のための投資を行ったことがあります。生産設備をもたずに製品の製造を外部の協力工場に委託するファブレス経営を展開してきたところから舵を切り、自社工場化へ踏み切ったのです。

ファブレス経営は父の方針で「会社は身軽なほうがいい」「絶対に潰れない会社にする」という考えのもと行われてきました。会社を育てていく時期にはできるだけ投資やコストを抑える身軽な経営が有効でしたが、創業から40年以上も経てば状況は変わっていきます。協力会社と一緒に試行錯誤を繰り返しながら共同開発のような形でものづくりを行っていた当時は、その過程でノウハウが自社にも蓄積されましたが、いったん製品が成熟すると、社内に製品の開発当時を知らない社員ばかりになっていきます。ものづくりに関わる社員がいなくなることは、技術やノウハウが自社からなくなっていくということです。

危機感を抱いていたのが、私をよく叱ってくれていた吉本専務でした。生産管理を長く担当してきた専務は工場内製化の構想を早くからもち、ファブレス経営からの脱却を訴えていたのです。

確かにそろそろ自社に技術やノウハウをためていかないといけない時期でした。内製化ができなければ、新しい製品開発に挑戦することもできず、未来を描くこともできません。ただし、いうまでもなく自社工場建設には莫大なコストを必要とします。当時の経営状態で、気軽に決断できるような問題ではありませんでしたが、私は今こそそのタイミングだと心を決めていたのです。

自社工場の建設を検討していた２０１４年、たまたま本社から徒歩10分の場所に工場用地として最適な空き地が出ました。こんなに良い土地が本社の目と鼻の先に出るなんて滅多にあることではありません。すぐに用地の長期借用を決め、専務の指揮のもと内製化プロジェクトを発足させることにしました。

苦しい時代が終わり、社会的にも希望が見えてきた時期でしたが、生産体制を軌道に乗せるのは一筋縄ではいきませんでした。自社製品なのに、長い間、協力会社に製作を頼んでいたのですから当然です。協力会社のこれまでの苦労を実感しましたが、とにかく自分たちのやり方を見つけるまでは試行錯誤を繰り返す日々でした。社員たちは慣れない作業に疲労困憊し、初期は不良品も続発しました。適正品質を維持するための課題は山積みで、最初の頃はどうなるかと思いましたが、社員たちが頑張ってくれたおかげでなんとか課題を乗り越えることができました。

内製化で生まれたメーカーとしての誇り

幸いなことに、内製化の効果はすぐに出始めました。

鋼材メーカーとの品質面や価格面の直接交渉が可能になり、コストダウンにつながりました。また社員が品質に対して敏感になり、技術獲得や技術向上への意欲が増しました。さらに、社内にはそれぞれの取引先への納期に対応するための協力体制が生まれ、臨機応変に対応できるようになりました。

内製化したことで「自社でできること」が広がっていき、自分たちで考える習慣ができたことは、とりわけ大きな成果でした。社員が自らアイデアを出し合い、より良いものを作るようになっていったのです。メーカーとしての誇りや一体感が生まれたことは内製化の大きなメリットでした。ある営業部の社員が「若い子たちがあんなに一生懸命に製品を作っているのを見ると、自分たちもしっかり売っていかなければと思う」と言ったことが、とても印象に残っています。

もしもあのとき内製化に踏み切らなければ、その後の発展はなかったはずです。

考えてみれば、父の代でも、本社建設などの投資後に会社が大きく伸びていきました。投資するということは、そのときには大変な課題も伴いますが、そのあとに大きく伸びていく可能性があるということです。

それは会社だけでなく、人間も同じです。それぞれ大変な時期もありますが、自分への投資を怠らないことが大事です。結婚や育児などのライフイベントでキャリアが中断しやすい女性には特に大切なことです。

大変なときは少しずつでもいいから、仕事や学びを諦めずに続けるべきです。どんなに忙しくても、自分の土壌に種を蒔いて水をやり、育てていくことを忘れてしまってはいけません。将来に備えて、地道に力をつけておくことが大切です。

絶対に叶えたい夢は口に出し続ける

「5年後に50億円を目指す」と言い続けて

自分の器を大きくしていくためには、絶対に叶えたいことがあったら口に出すことも大事です。普段からやりたいことや目標を決めて口に出しておくと、自分や周囲の意識が変わっていき、実現の可能性がぐんと大きくなります。

売上目標で私はそのことを実感しました。社長就任後の数年は売上が低迷していましたが、あえて私は「5年後に50億円を目指そう」と大きな目標を掲げたのです。

実は父の代から売上50億円を目指していて、バブル時代には47億円程度まで到達したことがあったのですが、なかなか50億円には手が届きませんでした。父が亡くなってからは、上を目指すよりも落ちなければいいという経営方針に変わり、売上目標も下がりました。来年はこれくらいならクリアできるだろうという基準で決めていたのです。

しかし、そういう後ろ向きの姿勢では現状を守るだけで精いっぱいになり、「もっと良いものを生み出そう」とか「新しい顧客を開拓しよう」という意識にはなっていきません。

それでは業績も伸びていかないと思い、売上がまだ37億円程度だった時期から「50億円」という具体的な目標を出し、それをことあるごとに言い続けたのです。

幹部社員には、そんな夢みたいな目標ではなく具体的な指示を出すべきだとたしなめられ、ベテラン社員たちは口をそろえて無理だと言っていましたが、私は大丈夫だと信じていました。私なりに会社の状況はつかめていましたし、のびしろは十分にあるはずだと考えていたのです。

また、皆が「夢みたい」だと思っている目標を目指すために、社員それぞれが当事者意識をもって頭を働かせ、どうしたら売上が上がるのかを考えてほしいと思っていました。私一人のアイデアでは限られた施策しか出てきませんが、現場を知っている社員なら、もっと幅広い知恵が出てくるはずです。

そんな夢みたいな目標に最初に反応してくれたのは、若い社員たちでした。彼らがやる気を見せ、目標に向かって知恵を出し合うようになると、それが会社全体に広がっていき、それぞれの現場でより良い案や施策が考えられるようになりました。

一見、無理かもしれないと思えることでも、具体的に目標を出すことによって、次第に「やらなければ」という意識が湧いてきます。夢は口に出して言い続けることで周囲を巻き込み、次第に手の届かないものではなくなって、実現の可能性が広がっていくのです。

今となって振り返れば、こうしたことは私がまだ経営に疎かったからこそ言えたことであって、経営者として知恵をつけた今であれば、自分でも無謀に思える気がします。それでも、上の人が考えたことをそのとおりにやるような会社では、その先は伸びていかないというのは当時も今も変わらない信念ですから、やはり間違っていなかったと思っています。

夢を大きく羽ばたかせるためにチャンスをつかむ

それまで現状維持が第一でやってきた体制から一転して、「50億円を目指そう」と明言してからは社員の方向性が一つになり、上を目指し始めました。

時期を前後して大口の案件の受注が重なり、業績が上向きになり始めていました。2013年には車止めの新製品のシリーズがグッドデザイン賞を実に10年ぶりに受賞して、クリエイティブの翼も再び進化を始めます。工場内製化の実現も勢いに拍車を掛けました。

たまたま幸運が重なったこともありますが、それよりも社員たちが売上増の意識をもって、普段からいろいろ考えていたことが大きく貢献しています。

夢を現実にするためには、チャンスが来たときに乗れるように準備をしておくことが大事です。何もアンテナを張っていなかったら、たとえチャンスが来てもそのことに気づきません。帆を張っていなければ、良い風が吹いても船は進まないのです。急に訪れた幸運を自分のものにするために、普段から目標を掲げて、それに向かって準備しておくのです。

実際には、売上が50億円に到達するには5年より少し長くかかりましたが、さらに今後は100億円の売上を目指しています。

現実が分かっていない社長だったからこそ夢のようなことを言えたのかもしれませんが、言葉にしなければ、50億円には届かなかったと思っています。夢を大きく羽ばたかせるためには、言い続けることが大事です。そうすることで夢は夢のままではなくなり、実現可能な目標になっていくのです。

第2章
「女性だから」と諦めるのはもったいない　女性にしか描けないキャリアプラン

自分の能力を100%出し切っていますか？

「あなたがもって生まれた能力を、全部使い切りなさい」

運命のいたずらか、私は専業主婦から突然社長になりました。それまでは主婦ばかりの集まりや稽古ごとなど、女性ばかりの世界で長く過ごしてきました。社長になり、それまでとは180度違う生活になった私が感じたのは、女性の能力はまだ社会で十分に活用されているとはいえないということでした。

私自身は、学生時代の同級生のなかで特に秀でていたわけではありません。ごく普通の女の子で、どちらかといえば引っ込み思案で不器用なほうでした。同窓会に行くと、同級生たちからは社長をしているなんてすごいと言われますが、中学、高校時代の私を知っている人は皆、信じられないと言います。確かにその頃の私を考えれば当然です。私よりはるかに優秀な同級生が大勢いたからです。勉強もスポーツもできて、大勢の前で進んで発言できる人もたくさんいました。

だからこそ、今私ができていることはほかの人にもできたはずだと強く思います。ただそういう機会がなかっただけです。

もちろん、ほかの人の現状が不幸と言っているわけではありません。私も専業主婦の頃はそれなりに充実していました。しかし、彼女たちの埋もれた能力は本当にもったいないと思うのです。機会さえあればもっと発揮することができるし、自分の家庭のなかだけでなく広い社会に還元できたはずなのにと思っています。

専業主婦だった頃の私も、合唱団の会長とリコーダーサークル以外では、自分から何かを始めることはありませんでした。自分がやらなくていいならそれでいいと考えて、どこかでセーブしていたのです。

ところが、自分が社長にならなければいけない事態に直面したとき、ふと神様に、もって生まれた能力をすべて使い切るよう言われたような気がしました。

それまではどうせ自分には何もできないと思い込んでいたのですが、いざ社長になったらそんなことは言っていられないし、今まさにやらなければいけないことが目の前に山積みになっています。だから神様に、甘えは捨てて自分の能力を100%使うようにと背中を押されたような気がしたのです。

50代にして、全力を出し切る愉しさを知る

無我夢中でやってみると、自分の至らなさに落ち込むこともたくさんありましたが、社長としての覚悟が固まってからは仕事も愉しくなってきました。

なぜなら、自分の力を思いっきり出して認められるのは本当に楽しいことだと分かったからです。50歳を過ぎて初めて、全力で頑張ったことが周囲から認められ、成果を出したりするのがこんなにもうれしいのだと知りました。私の人生は社長をやるためにあったと感じたほどです。

人前で何かを話す際にも、それまでは周りに気を遣って自分の考えを出すことをた

めらっていたことに気づきました。

社長は自分の考えをきちんと言わざるを得ません。そのためには、よく周囲の人の話を聞き、自分の頭で考えて言うべきことを簡潔に分かりやすくまとめる必要があります。初めのうちはそれをとても難しいと感じましたが、その作業も徐々に面白くなってきました。意外と私には自分なりの考えがあって、それを出すことが愉しいということを知ったのです。

たぶんこうしたことは私に限らず、いざこのような立場になったら、多くの方が自分の力を100％出し切るように頑張るのではないかと思います。

最近は代々の家業を娘婿ではなく、娘に譲る親も増えてきました。先日、ある会合で話をした人も、息子がいないので娘に会社を継いでもらうことを望んでいましたが、私もそれに賛成です。やはり、この会社を自分が全力で背負わなければという覚悟は、直系の人がもちやすいのではないかと思います。今の時代は女性も経営者としてやっていけますし、会社を背負う覚悟の強い人が社長をしたほうが全力を出しやすいはずです。

どんなときにも自分の全力を出し切ることが大事であり、それをしない限りうまくいかないのです。

もしも今、自分の能力を100％出していないという人がいたら、今からでも遅くはありません。もって生まれた能力を使いたいと思うものを、全力で探してみることを勧めます。そしてその機会が来たと思ったら、思いっきりぶつかってみてください。あなたが大きく成長していくチャンスになるはずです。

「できない自分」を認めて、強みにする

「Fランク」社長からのスタート

実は私が社長になって数年後、マネジメントセミナーで受けた幹部社員評価テストで「Fランク」、つまり最低の幹部と評価を受けたことがあります。幹部としてのマネジメント知識もない、管理能力もないというさんざんな結果でした。

長いセミナーが終わって、私が社長になる覚悟を固めた頃でした。さすがにそれを見たときはショックでしたが、当時の私はまだ何もできておらず、社長として勉強中の身でしたので最低ランクからのスタートでも仕方ないと思いました。

そんなときもまずは自分らしくやっていくしかないと思っています。見栄を張って、できない自分を大きく見せてもすぐに見透かされてしまうし、無理に膨らませてもあらが出るだけです。だから大きく見せる必要はないし、自分の器を磨いて、少しずつ大きくしていけばいいのです。一歩ずつ進み、稚拙でもいいから自分自身の器を広げていくことです。

そういうときに「自分はダメだ」と過小評価する必要もありません。自分ができないことを認めて地道に学び、時には周囲の知恵を借りて、周りに補ってもらってもいいと思います。足りないところは謙虚に認めて、より良くしていくことが大事です。

また社員には、私の会社経験がほとんどなかったため自分たちが支えなければと思い、むしろ意識が高くなったと言われたこともあります。よくそれを社長本人に言えるものだと苦笑してしまいますが、私と社員の関係はまさにそんな感じです。皆が、社長の支えにならなければ、自分が頑張らなければ、と思って頑張ってくれることを、私は力にしていました。

そのときに見栄を張って人から借りてきた言葉を語ったり、何も分からないのに自分について来なさいと言っていたりしたら、きっと誰もついて来てくれなかったでしょう。

知らないからこその強み

私はもともと専業主婦で周囲もそのことを知っていましたから、できなかったら恥ずかしいという気持ちがなかったのです。今から考えれば、それはむしろ強みになったのかもしれません。今はできなくて当然、これから頑張ればいいと素直に考えていました。

社長就任当初、私は社内の会議で、自分にも分かるように説明してほしいと頼んでいました。社員たちが積み重ねていた知識や経験もなかったため、皆の話を聞いていても理解できなかったからです。

しかし、実は私のそういう発言で救われた人も多かったのではないかと思っています。会議では、例えば技術開発の人が自分の専門分野についてワーッと話す内容を、どうやら他部署の人は半分も分かっていない様子でした。以前はそのまま進行していたようですが、社長の私が分からないと言えば、分かる人が噛み砕いて説明してくれます。すると他部署の人も、そういう意味だったのかという顔つきになって納得していました。

ほかの誰かが分からないと言ったら、今さら何を言っているんだととがめられてしまうかもしれませんが、社長の私が言えば、内心では面倒に思っていても丁寧に答えてくれます。ある意味では、私がとても初歩的で素朴な質問をすれば皆の役に立つのです。知らないからこその強みもあるということです。

私が社員からもアイデアを出してもらう話をした際も、最初は社長の甘えだと言われましたが、今では社員が自由に考えられるようになりました。

私としては、自分一人だけのアイデアより、現場で働く社員のアイデアをたくさん募ったほうがきっと良いものが出てくると思って提案したことですし、自分のアイデアを出せるため、愉しく仕事できるようになったと話す社員も少なくありません。

私には、父や叔父のようにトップダウン式でぐいぐい引っ張るような経営をすることはできませんでした。その代わり、会社のことなど何も知らない元専業主婦の私だったから、ボトムアップ式の経営を進めることができたのです。

女性社長であることのメリット

よく女性社長は大変だろうと言われます。もちろん大変なこともありますが、どちらかというと、メリットの方が大きかったと思っています。

なぜなら、社長としてあまり期待されていなかったために重圧を感じることが少なく、ある程度自由にできたところがあるからです。私が男性だったら、社内や業界内のプレッシャーはもっときつかったはずです。女性社長のロールモデルが少なかったからこそ、自由にできた部分もあります。

女性社長は取引先や業界内で名前を覚えてもらいやすく、声を掛けてもらうことや注目されることも多くなります。人前での登壇やスピーチでも、男性社長ならいかにも経営者らしいことを言わなければいけないというプレッシャーがあるかと思います。この点、女性社長は決まりきったことを言わなくてもいいし、多少ずれたことを言っても、ユニークさとして受け入れられることが多いと感じています。

これは、女性社長がまだ少ないからこそのメリットかと思います。経験が少ないことや強いリーダーシップを発揮できないこと、女性経営者の数が少ないことなど、どれも弱みと言えば弱みですが、とらえようによっては、強みにもなるということです。弱みとしてネガティブに受け取るのでなく、強みとして享受するのも一つの方法なのです。

今は完璧にできなくても大丈夫！10年後の自分に期待しよう

子育ても介護も大事な仕事

以前は、子どもを出産したら仕事を辞める女性がほとんどでしたが、今は会社を辞めずに頑張る女性も増え、キャリアアップを目指している女性も多くなりました。

当社でも、働く女性の環境についてはまだまだ課題も多いのですが、女性が安心して長く働けるように整えていくのが私の次の仕事だと思っています。女性社員たちを見守るのが、私のこれからの仕事です。

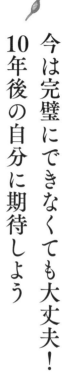

そのうえで、これからの女性たちにぜひ身につけてほしいのは、自信をもつことです。知識やノウハウは勉強すれば身についていきますが、まずは自分を信じて挑戦すること。そして、とにかく仕事を続けていくことが大切です。

キャリアアップしていく意識をもって働くあなたの姿を見て、私も頑張ろうと思う若い人も出てくるはずです。特に、子育てをしながら仕事を続ける女性は心から応援しています。

ただ、育児や介護をしている場合はどうしても無理がききません。今は女性だけでなく、男性もすることが多いですが、子育ても介護も大事な仕事です。また、今は子育てや介護の支援事業や機関もいろいろありますが、ほかの人に任せられないこともあると思います。

私も、社長就任時は一番下の息子が中学生のときでしたから、なるべく18時30分頃には会社を出るようにしていました。当時はほかに育児をしながら働いている女性がいなかったため、男性社員は戸惑ったようで、いまだに社員から、晩御飯を作るために帰ると言った私にびっくりしたと笑い話として出されることがあります。中学生の息子が炒飯などを作っておいてくれることもありましたが、私としては子どものためにできるだけ家の仕事もしておきたかったのです。

ですから、キャリアを積み重ねてきたとしても出産後は家にいたいと思う気持ちもよく分かります。私自身も専業主婦を選びましたし、家族のためになるべく時間を割きたい思いも分かります。

ただ、仕事を完全に辞めてしまうと、ある程度の年齢になってから社会に出ていくのは、本当に大変です。

幼児期は毎日気が抜けませんが、一般的に子育てで本当に手がかかるのは数年ほどかと思います。もちろん家庭状況によって違いますし、子どもが複数いる場合はさらにかかりますが、それでも四六時中家にいて子どもを見なければいけない時期は限られています。子どもが大きくなってから社会に出ようとしても、働く環境が限られてしまうこともありますから、仕事を少しずつでも続けていたほうがいいと思います。

自分がロールモデルになる覚悟をもつ

子どもが小さなうちは働くのも大変ですから、仕事を辞めてしまいたいと思うこともあると思います。しかし、本当に大変な時期を乗り切ったら、その後は思う存分働けるはずです。今は、女性が出産したあとも長く仕事ができる時代です。100%仕事に打ち込めなくて気持ちが焦ってしまうかもしれませんが、まずは細々とでもいいから続けることが大事です。

私は育児をしながら働いている女性社員には、大変なときは無理をしないようにと声を掛け、彼女たちの将来に期待していることを伝えます。10年後、20年後に輝いている自分の姿を想像して、今はまず目の前のことを頑張って乗り切ってほしいのです。

また、1人や2人の子どもを産んだ女性は何人もいますが、3人産んで仕事復帰したという例はまだ周囲では見かけません。そこで2人の子どもを産んだ女性たちには、3人産みたいならどんどん産んで、まずは自分たちがロールモデルとなり、あとに続く人が出てくるように道を切り拓いてほしいと話しています。

さらに、これまでは女性ばかりが担いがちだった育児や家事ですが、今は夫婦で協力して家庭をつくっていくことが求められており、男性側の意識も大きく変わってきています。

また育児だけでなく、介護をする可能性もあります。私自身、自分の母と夫の母の介護で10年近く毎日病院に通っていましたが、やはり仕事との両立は大変です。当社では今、育児休暇や介護休暇について管理部の女性社員たちが中心となって、さまざまな制度を試行錯誤しているところです。以前と比べると、管理部も自立する集団になったものだと思います。

私も社員たちを応援しながら、特に女性社員には自分たちがどう働くべきか、働くとはどういうことかを教えていきたいと思っています。女性にも、できれば自分の周囲のことだけでなく、会社全体や社会を見る目を養う機会を与えたいと考えているからです。

子育て中や介護中の仕事は大変です。それでも、いきいきと働いている姿を後輩たちが見れば大きな励みになり、必ずあとに続く人たちが出てくるはずです。私は、そんな女性たちを大いにバックアップするつもりです。

壁をつくっているのは、自分には無理だという思い込み

立場が人を育てる

日本では、女性の経営者や管理職の割合は、まだそれほど多くありません。例えば管理職に占める女性の割合は2018年には14・9%で、近年少しずつ増えてはいますが、アメリカの40・7%、シンガポール34・5%などに比べると際立って低い水準だそうです（総務省「男女共同参画白書」令和元年版）。

人は部下ができると、顔つきがしっかりしてきて行動もガラッと変わります。人に教えるときは自信をもって説明しなければいけないため、それまでいい加減に聞いて

いたことも注意して聞くようになり、「自分がやらなければならない」という意識が芽生えるのです。

もちろん男性もそうですが、その傾向は特に女性に顕著に表れるように感じています。自分の言葉に甘えがなくなり、会議できちんと自分の意見を言うようになって、男性上司にもはっきり主張するようになる人も多いです。

当社では女性の管理職がまだ数が少ないので、その分、女性の代表として頑張ろうという意欲を感じているのだと思います。こういう人はそばで見ていて、頼もしく感じます。

女性には一人で器用に仕事をこなせる有能な人や、気の利く人も多いと思います。ただ、一人で仕事を抱え込んでしまうのはあまりいいこととはいえません。「その仕事は、その人しかできない」というようにブラックボックス化してしまい、その人がいない時には業務を進められなくなってしまうからです。また業務が特定の個人に集中することで、社内の連携がうまく取れなくなることもあります。その仕事を自分一人で抱え込んでほかの人に渡さなくなる場合もあります。結果的に、本人にとっても会社にとっても良くない結果につながってしまいます。

一人でこなせるほど仕事ができるのはすばらしいことですが、時には自分の思うとおりに動かない部下をもって苦労する経験も大事です。相手にどう伝えたら分かってもらえるか、誰もが業務を実行できるためには何をしたらいいのかを考えるようになり、部署全体の活性化にもつながるからです。人はそう簡単には自分の言うとおりには動きません。

本人にとっては、部下をもつことで自分の視座が一段高くなり、社内をより広く見ることができるようになるはずです。今後の成果にもつながっていきます。

「立場が人を育てる」という言葉がありますが、本当にそのとおりだと思います。私も社長になって、会社全体の在り方を考えるうちに多くのことを学びました。

キャリアアップする自信がないとか、部下をもつのは面倒だという女性も多いのですが、私は女性こそ積極的に役職を付けて成長させてあげたいと考えています。部下育成は子育てと同じです。

女性のなかには、その人の実力と比べて仕事の量も質も見合っていないと思う人もいます。周囲の男性も、まあ女性だから、という目で見ているし、本人も、私はこんなものと思っているケースも多いです。「自分には無理」という思い込みが壁をつくっているのです。そういう人を見ていると、もっと頑張れるはずなのに、もったいないと思ってしまいます。

そのため、周囲にいる上司は、部下の強みや将来性を長い目で見ながら、いろいろな仕事や立場を任せていくことが大事だと思います。

放っておいても一人で勝手に伸びていく人は、それほど多くありません。多くの人は上司や先輩のアドバイスや励ましで引っ張られて伸びていきます。

誰にでもほかの人と違って光る部分がありますから、上司や会社はそこに注目して育てていく必要があります。せっかく能力をもっていても、周囲がそこを無視してしまうと、自分の能力を十分に発揮できなくなってしまうのです。

与えてもらうだけでは自分のものにはならない

そのためにも周囲のサポートはとても重要ですが、それで頑張れるかどうかはその人次第です。会社や周囲が、こんな道もあるよと用意してあげることも大事だけれど、自分はこれくらいでいい、言われたことをやっていれば十分だと考えている人を引き上げることはできないからです。

そもそも、自分からやろうと思えないものは、いくら人から与えてもらっても自分のものにはなりません。その人自身のなかに種がなければ、草や花は育たないのです。もしもあなたが今の仕事はラクだと思っているとしたら、その仕事はあなたの実力よりもランクが低いものである可能性はあります。もちろん、手がかからなくていい、という考え方もありますし、実際にそういう働き方をしている人もいるはずです。

けれども、もう少し成長したいと思うなら、仕事がラクでよかった、ではなく、もう一段上の仕事をしようと欲張ってみるのも一つのやり方です。自分のキャリアや働き方は、やはり自分自身で考えなければいけないことです。自分がやる気を出さなければ、何も始まりません。やる気が見えない人には誰も手を貸してはくれません。

私は若い女性こそ自分がロールモデルになる意識をもって、どんどん道を切り拓いていってほしいと思っています。その存在が、これからの社会の大きな励みになるのです。

どんなことも、愉しんでやらなければもったいない

やらなければいけないことこそ、愉しんでやる

私の知っている経営者には前向きな人や積極的な人が多く、なかでもすばらしいと思う女性経営者の共通点はいつも愉しそうなことです。

愉しそうな人の周りには人が寄ってきますし、前向きな人には仕事を任せたいと思うものです。なんでも自分から、やりますと手を挙げる人は、他人やコミュニティのためになることをしようという気持ちが強いため、責任感をもって最後までやり遂げようとします。反対に、いつも受け身で仕事を頼んだら嫌そうな顔をする人には周り

もあまり声を掛けたくありませんから、ますます活躍の場が減っていきます。やはり、どんどん伸びていくのは、前向きに考えられる人だと思います。

私は、どうせやらなければいけないことなら、愉しんでやらなければ損だと思っています。仕事でも家事でも育児でも、いろいろと大変なことは多いですが、それならなおさら愉しんでやる心をもたなければ続けられません。

だからこそ、社員にも愉しんで仕事をしてほしいと思っています。また、社員にはよく「仕事が楽しい」ではなく、「仕事を愉しもう」と話しています。愉しもうとする前向きな気持ちが、会社を前に進めると考えているからです。

うれしいことに社長就任時よりも社員の多くが前向きになり、特に売上50億円を目指してからは社員の勢いが増してきたように感じています。

成功するまでやり続ければ、失敗はない

私自身、社長就任からの5年間はつらいことばかりでしたが、どこかで、愉しまなきゃ損だと思っていたからこそやり切ることができたのだと思います。

私に厳しかった叔父も会社を辞めてから数年後に、辞めると言いながら結局はやり遂げたと私を評価し、よくやったと言ってくれました。当時はいろいろ大変なことやわだかまりもあったけれど、私の頑張りを認めてくれていたのです。

その叔父も数年前に亡くなりましたが、最後にそう言われたのは素直にうれしく、本当に途中で辞めなくてよかったと思いました。叔父も実は私の応援団の一人だったのです。

「成功するためには、成功するまで続けることである。途中で諦めて、やめてしまえば、それで失敗である。だから、いくら問題が起こってきても、次々と工夫を凝らしてそれらを解決していけばよいのである。これを、くじけることなく繰り返していく。決して諦めない。成功するまで続けていく。そうすれば、やがて必ず成功するわけである」

パナソニックの創業者・松下幸之助さんの言葉です。確かに失敗したところでやめれば失敗になり、成功するまでやり続ければ失敗ではなくなります。私も、つらい5年間は毎日ジタバタ、時にウジウジしていましたが、それでも途中で辞めなかったから今の自分があるのです。

ある人から、そんなにつらかったのにどうして社長を辞めなかったのかと聞かれたことがあります。

当時の自分の想いを振り返ってみると、やはり社員のことが気になっていたからです。家族を背負っている社員たちがいるのに、今ここで会社を放り出すことはできないという想いがありました。

しかし、それだけではありませんでした。自分の人生を考えたときに途中で辞めるという選択肢はないと思ったのです。父が苦労してつくってきた会社をここで放り出してしまったら、私は絶対に残りの人生を後悔して生きることになる、そうなると、これからの自分の人生の輝きは一切なくなる、とはっきり思えたからこそ続ける覚悟をもてたのです。自分に託されたこの仕事をやり通さなければ、自分がいる意味がないと思いました。

そして、最初のうちこそ苦しいことばかりでしたが、目の前の仕事を夢中で取り組んでいるうちに、徐々に愉しめるようになってきました。

まずは自分の仕事に全力で向かうことが大事です。自分の境遇を恨んだり、できない理由を周りや環境のせいにしたりするよりも、一生懸命やっているうちに徐々に見える景色も広がっていき、それを愉しむ余裕も出てくると思うのです。

第3章
自分の強みをとことん伸ばす
職場で自分らしく働くために必要な心構え

男女の違いを理解して行動しよう

男性と女性の話し方の違いに気づく

専業主婦だった私が50歳のときに飛び込んだのは、男性中心の会社でした。そこで感じたのは男女の違いです。それまで女性ばかりの環境に長くいたので、その違いをなおさら感じました。

男女で最も違うと思うのが話し方です。一般的に、理論的で結論にまっすぐ向かおうとするのが男性、話が多岐にわたっていて寄り道が多いのが女性、という傾向があるように感じます。

誤解を恐れずに言うと、女性はおしゃべりで結論がはっきりしないことが多いということです。もちろん個人差があって一概には言えませんし、男女の違いを決めつけるのはよくありませんが、会社に入ってから、女同士のおしゃべりの感覚で話していたら男性たちの合意はなかなか得られないことに気づきました。

男性に対しては、筋道立った説明や論理的な進め方が必要で、雰囲気や感覚優先で喋っていたら意図は分かってもらえないのです。女性は一般的に感情に左右されやすいという人もいます。

そして、私見ですが女性には共感能力の高い人や、抽象的な話でもなんとなく感覚で内容をつかむ力のある人が多いと思います。そのため、女性同士で話しているとお互いに分かり合うことも多いのですが、それは男性相手には通じないこともありますし、それを男性や仕事相手に期待してはいけないのです。

それはきっと男性からしても同じで、男性同士にしか通じないこともあるのだと思います。時々、社内で男性同士が愉しそうに話しているのを見ると、どこか微笑ましい反面、女性の私は入らないほうがいいかなと寂しい気分になることもあります。私は広島の女性経営塾に所属していて、勉強会や研修旅行などに参加することもあるのですが、そういう場で久しぶりに女性だけで話すと、「こんなに自然体で話が通じるんだ」とあらためて驚くことがあります。

やはり男性は男性同士、女性は女性同士のほうが話は通じやすいようです。

会社には男女の両方が必要ですから、お互いに歩み寄ることが大事です。特に会社というオフィシャルな場では、論理的に話すトレーニングするのは最低限のルールといえます。

私も、社長になりたての頃は会議などで私の想いが皆にうまく伝わらず、専務が私の言いたいことを推し量ってうまく代弁してくれていましたが、このままではダメだと思い、論理的に話すトレーニングを始めました。私は女性ですが、幹部や社員の大多数は男性です。私の想いを分かってもらうためには、やはり私が変わらなければいけないのです。

男性社会で通用する話し方を身につけよう

論理的に話すために心がける3つのこと

そのため、論理的に話すための講座や論理的思考の講座などを頻繁に受け、論理的に話せるようにトレーニングを重ねました。私が意識していたのは次の3点です。

① 物事をよく下調べして、話のなかに客観的な根拠データを示す
② 1回書いてまとめてみる
③ 話すときのイメージをもつ

まず①ですが、私は昔から中途半端な知識で抽象的に話すことが多かったので、何事もきちんと調べるようにしました。思いのままに喋るのではなく、自分が話したい内容についてある程度は下調べをしてから話すようにしたのです。

さらに、論理的に話すためには筋道が必要です。まず話の結論をしっかり決め、その結論に至った理由を述べます。その際は、主観的な感情を入れ過ぎると話が散漫になるので、主観を入れる代わりに、客観的な根拠になる数字やデータなどを入れるようにすると、説得力が増します。

そして②ですが、話したいことの結論と流れを整理するためには、いったん書き出してみるのが効果的です。

うまく話せない人の話は、たいていい伝えたい情報が多くて要点がまとまっていない印象があります。そのために話がダラダラと長くなってしまったり、必要な情報が入っていなかったりして、要領を得ないものになりがちです。自分のなかできちんと整理できていないと、聞いている側に必要な情報が伝わりません。そのためにも、事前に一度書き出して流れを整理する必要があります。

また、伝えたいことは1つにするべきです。あれこれ言うと結果として社員のなかには何も残らず、「社長はいったい何を言いたかったんだろう？」ということになってしまいます。私はこのことを何度も朝礼スピーチをしていくなかで学びました。

この2つを心がけるだけでも、話し方はだいぶ変わってくるはずです。実際、論理的に話せるようにトレーニングしているうち、社員たちも皆、耳を傾けてくれるようになり、私の想いも届くようになりました。

話は誰でも分かるようにシンプルに

社長という職業は人前で話す機会も多いため、練習が必要でした。しかし一般的にも、プレゼンテーションや製品説明の場など、人前で話さなければならないことがあります。

もしも人前で話すのが苦手という人がいたら、とにかく事前に練習を重ねるしかありません。その際に必要なのが、③話すときのイメージをもつことです。話す場面を考えてしっかりとイメージトレーニングをしておくのです。丸暗記では想いが伝わりません。要点だけをメモやパワーポイントにまとめておき、それを見たら自分の言いたいことが自分の言葉で出てくるようにシミュレートすることで、伝えたいことをしっかりと伝えることができます。場の状況や相手の反応を見て、内容を多少変えることが必要な場合もあります。そのようなときでも、軸がしっかりできていれば慌てません。練習を重ねることでうまくなれば自信もついてきますから、堂々と話せるようになります。

話を伝えるときは、新入社員でも誰でも分かるようにシンプルで分かりやすい言葉を使うように心がけています。そのため、今の会社の理念も分かりやすく、想いがストレートに伝わるものを目指しました。

論理的な話し方をしていると、こちらの意見や主張を聞き入れてもらいやすくなるほか、人から信頼されやすくなるなどのメリットがあります。

また、客観的な視点で話の筋道を考えていると、どんどん視野が広くなっていくと思います。自分の想いだけを話そうとすれば世界は狭いままです。しかし多くの人にどう伝えれば分かってもらえるかと考えるうちに、言葉やエピソードの引き出しが増えていくのです。私は通っていたセミナーで読んだ本や、人から聞いた話なども大いに参考にしていました。

さらに、客観的に話すほうが自分自身でも確信が深まりますから、自分自身が話しやすくなることにも気づきました。

私自身も論理的に話すトレーニングをして、なるべく気をつけるようにしてきましたが、社会で活躍しようと思ったら、やはり論理的な話し方は意識しておいたほうがよいと思います。よく女性同士で話していると、結局男の人は分かってくれないという話になりがちですが、男性と女性では話し方が違うのだから、分かってもらう努力が必要なのです。

また男性も、女性の話は分かりにくいと言うだけでなく、女性が何を言いたいのかという背景を辛抱強く見極める努力をすると、お互いに理解しやすくなると思います。

お互いに伝える努力と受け取る努力、そして理解し合う努力が必要です。

聞き手のせいにせず、分かってもらう努力が必要

伝わらないとき、焦りは禁物

時々「分かってくれない周りが悪い」という態度の人がいます。周りが自分の話を分かってくれないと感じたときはそう思いたくなるのでしょう。その気持ちは分かりますが、いつまでもそれでは何も変わりません。相手に自分の言いたいことがきちんと伝わっていないのなら、いろいろな方法で相手が分かってくれるまで続けるべきです。

私が時間をかけて周囲に伝わる土壌をつくるのは、ほかの人が納得するような説明

ができないことが自分でよく分かっているからです。初めから強いリーダーシップをもって皆をぐいぐい引っ張っていけるタイプではないため、分かってもらうまでは種を蒔き、土を耕して、粘り強く待つしかありません。

それぞれのタイプによってやり方が違うと思いますが、自分なりのやり方で相手に伝えることが大事です。

このように、私は伝えるときには時間をかけますが、その代わりに変な遠慮はせず、自分の思っていることはちゃんと伝えるようにしています。言わずに曖昧にしたせいで、会社がとんでもない方向に向かうかもしれませんし、自分の想いとは違う方向に事態が進んでしまうかもしれません。収拾がつかなくなって困る前に、自分の想いを明確にしてしっかり伝えておくことが大事です。

さらに、伝えたあとは相手にちゃんと伝わっているかを確認しています。よく「報・連・相」といいますが、本当は最後に「確認」が必要です。報告、連絡、相談、そして確認です。こちらの想いや情報が間違って伝わっていないか、きちんと確かめておくようにしています。

自分の考えがまだ不十分なことを社員が提案してきたときには要注意です。一見すばらしい考えでも、まずはそれでいいのか疑ってかかることも大切です。失敗したときの責任はすべて社長に振りかかってきますし、会社の存亡に関わってくることもあります。社長は社員の一歩先を行っていないといけないと言われる所以です。

私はこれまで感性を大事に生きてきましたから、いくら論理的ですばらしい意見でも、何か自分に引っかかるときは、自分の気持ちを大事にしています。

相手に伝えたいなら、「伝わる土壌」をつくろう

自分なりの方法で伝える努力をする

人に何かを伝えるということは、思っている以上に難しいものです。ましてや、相手に何かをしてもらいたいときには、伝え方には気をつけなければいけないと思っています。上司などがいくら上の立場だからといって無理強いしても、本人たちが納得していない限りはやらされ感が強くなり、良い結果につながりません。その後の関係性も悪くなってしまい、業務に支障が出る可能性もあります。

ですから、私は社員にこうしてほしいと思うことがあっても無理強いせず、自発的

にやってくれるのを待つようにしています。いきなり、こうしますと方針を決定することもありません。ベストなタイミングを見計らいながら、浸透するまで数年は待つつもりです。

ただ、皆が自発的にやってくれるのを待っているだけではなくて、まずは皆のなかに種を蒔き、土地を少しずつ耕しながら時を待つようにしています。

２０２１年1月に創立50周年にあたって企業理念をリニューアルしたときも、そうでした。「Let's smile!」の言葉から始まる新しい理念は「笑顔あふれる街づくりに貢献する企業になる」という旗を掲げ、さらなる成長を目指す決意をしています。そして最後に締める言葉は「Let's smile! Go straight! Don't give up!」です。

この理念は、しばらく前から社内の理念委員会のメンバーと一緒に模索していたものですが、実はその数年前から私の心のなかで温めていたフレーズでもありました。

私の会社はステンレス製品を扱っているので、観光地や公園や観光施設などでカメラやスマートフォンを置いて撮影するためのカメラスタンドも作っています。外でセルフタイマーを使って写真を撮りたい時に使えるスタンドです。初めてのカメラスタンドを発表する際に愛称として、この「Let's smile!」という言葉が浮かんだのです。そのときは口に出しませんでしたが……。

このときの「Let's smile!」という言葉は私のなかに残り、いつかこれを会社の合言葉にしたいと思っていました。そして、時間をかけて「Let's smile! Go straight! Don't give up!」とつながるフレーズも考えました。もともと創業時の企業理念のなかに「諦めない」という言葉があって、これは現在にも通用する言葉だと思い、その意味を入れたかったのです。

その後、習っている英語の先生にその英語で問題がないかどうか確認してから、ある日の朝礼で発表しました。すると、管理部がこの3つの言葉が書かれたプレートを作って工場のあちこちに貼ってくれたのです。それは非常にうれしかったのですが、それだけでは、そのうち形骸化してしまいます。

そこで、この言葉を社内に定着させるためにまずは朝礼で社員に「私のLet's smile!」を発表してもらうことにしました。朝礼では以前から目標や夢を社員それぞれに発表してもらう習慣があったので、その言葉を「Let's smile!」に変えてみました。「私のLet's smile!は、～です」と、自分が周りを笑顔にしていることを挙げてもらうようにしたのです。

するとと、朝礼のときに皆が「Let's smile!」という言葉を口に出しますし、自分が周りの人を笑顔にできることはなんだろうと考えるようになります。そうしているうちに皆のなかにこの言葉が浸透していくと考えたのです。

それから4、5年後、「Let's smile!」を企業理念の最初にもってくるように提案したら、皆が違和感なく受け入れてくれました。これまでにさんざん耳や口にしていた言葉でしたから、抵抗なく受け入れてくれたようです。

このように私は皆がすっと受け取れるまで、すぐにやらないところがあります。こうなってほしいと思ったら、機が熟すまでゆっくり浸透させるのです。私の想いはしっかり伝えたいけれど、力ずくで押し通すようなことはしたくはないからです。それでも反対されないように、時間をかけてなんとなく匂わせておいて相手に分かってもらうという戦略です。

どんなに物事を伝えるのが難しくても、「伝わらない」で終わらせるのではなく、やり方は人それぞれですが「伝わる土壌」をつくることが大事だと思っています。

理 念

Let's smile!

サンポールは

「外部空間を豊かにクリエイトする演出者」として

誠実で、心のこもった製品・サービスを通じて

笑顔あふれる街づくりに貢献します

私たちは

日常の小さな気付きを大切にし

これまでの常識にとらわれず

自ら考え、自ら行動することで

自分のまわりから笑顔の輪を広げていきます

「小さなマーケットの大きなシェア」を心に刻み、

深化と進化を繰り返して

独自の世界を創り上げていきます

Let's smile!　Go straight!　Don't give up!

何を考えているかが分かる人になろう

不機嫌そうな態度だけでは何も伝わらない

男性でも女性でも、ずっと不機嫌そうな顔をしている人がたまにいます。こういう人に対しては周りの人もどう扱って良いのか分からず、困ってしまいます。

先日、知人の女性経営者から聞いた話ですが、彼女の会社にも、ずっと不満げで何に対してもやる気を見せない女性社員がいたそうです。その直属の上司は不機嫌な理由をなんとか聞き出そうと苦労していましたが、結局よく分からないまま、その社員は辞めてしまったと聞きました。その会社は離職率が低く、出産や家族の転勤以外の理由で辞める社員はほとんどいなかったため、経営者も気になっていたようです。

しかし、何か問題があって困っている、あるいは不満があるというなら、きちんと言葉に出して言うべきです。それもせずに不機嫌な態度を取り続けていれば、やがて職場で浮いていきます。それでは本人の評価を下げるだけでなく、周囲のやる気を奪って職場の生産性を下げてしまうことにもつながりかねません。

それを自分でなんとかしようと思わないなら、ある意味でそれは怠惰ではないかと思うのです。自分の不機嫌が周囲にどんな影響を与えているかを自覚しなければ、どの職場に行っても「腫れ物」扱いで、結局は自分がつらい思いをする可能性があります。

自分を分かってもらう努力も必要

職場のなかでも上司は最終的に部下の責任を取らなければいけないため、何を考えているか分からない部下は少し怖い存在ともいえます。どんなに才能があっても、仕事を一人で抱え込んで報告やコミュニケーションもしない人がいると不安になりますし、周りもどう動いていいか分かりません。何を考えているか分からない人が、周りは一番やりづらいのです。

上司は部下を知る努力が必要ですが、部下のほうも、なるべく自分のことを分かってもらう努力をすべきです。たとえその上司が分かってくれなかったとしても、その上の人や周りの人が見かねて手を差し伸べてくれるかもしれませんし、ほかにも同じような想いを抱えている人もいるかもしれません。もしも意見や主張があるなら、それを表明しなければ何も変わらないのです。

私は、職場でも日頃から自分はこういう人間で、こういう考え方だと周りに分かってもらう努力が大切だと考えています。同僚がお互いにこの人はこういう人だと分かっていれば、仕事をするうえで動きやすくなるからです。

例えば、朝礼では社員たちに順番でスピーチをしてもらっていますが、その人らしさが表れているスピーチには周りも興味を抱きます。ところが完璧に話そうとして、どこかから借りてきた話をそのまま使っているようなスピーチは、よく調べてきたなとは思うものの、それ以上の感想は浮かびません。

スピーチで型破りなことを話して人から何か言われるのを嫌がる人も多いようですが、通りいっぺんのことや誰かが話したようなことなら、ロボットでもＡＩ（人工知能）でも十分です。

特に、朝礼でのスピーチの目的は社員の相互理解のためですから、話の内容は他愛もないことでいいのです。大事なのはその人らしさです。この間もある女性社員が飼っている猫の話をしてくれましたが、その人らしさがよく出ていていいなと思いました。その人の本質が滲み出ているものには多くの人の関心が向くのです。

また、自分が今後やりたいことを周りの人に知っておいてもらうと、何かあったときに、こういう話があるけどやってみないかとか、ちょっと手伝ってもらえないかなどと声を掛けてもらえることが増えます。

自分の世界を広げていくためには、自分はこういうのが好きだとか、こういうことに興味があるとか、こうしたいという考えを少しずつでも匂わせておくのが得策です。

互いに違いを認め合い、相手に合わせた話し方をする

男性には結論を、女性には共感を示す

社長になって男性中心の世界に入り、男女の話し方の違いを感じましたが、それ以外にも男女で物事のとらえ方や目標設定の仕方にも違いがあることに気づきました。

まず一般的に男性には、目標を設定するときに明確な数字を求める傾向が強いと感じています。具体的な目標や指示を出してほしいと思う男性社員は多いようで、私もある男性社員から「男は目標が明確でなければ、動く気になりません」と言われたこともあります。また成果を気にする男性も多いです。

こうした男性の志向を、脳科学者の茂木健一郎さんは「目的志向型」と呼んでいます。目的を決めて、そこに最短距離でいこうとする考え方です（『男脳と女脳　人間関係がうまくいく脳の活用術』総合法令出版）。

明確な目標をもち、それに向かって突き進み、達成感を味わいたい人が多いのが男性なら、女性は周りを見ながら対策を考えることが多いと思います。女性には、成果そのものよりも、途中の過程や周囲との調和を大事にする人が多いように感じます。上司に報告する際に、寄り道の話が長過ぎて、早く結論を話すようにと言われた経験のある人も多いのではと思います。

女性の私から言わせれば、成果や結果だけを大事にするのではなく、もっと柔軟な視点でさまざまな可能性を考えた方がいいのではないかと思うこともありますが、やはり男女では物事のとらえ方や考え方が違うのかもしれません。

目的志向型の男性は、何か不満や問題があると、すぐに解決策を考えて一気にそこに向かう傾向があるようです。例えば、妻が家事や育児の疲れを訴えると、夫は、次の休みには自分が子どもたちを見るから君は休んでいいなどと言い、その問題をさっさと解決しようとします。

しかし多くの場合、こうした妻の訴えは、一日休んで体力の回復をすることが望みで出たものではありません。毎日一人で家のことをする孤立感や、本来夫婦の問題である育児の責任を一手に負わされている重圧などから積もった不満であるはずです。そこが通じずに、夫は妻の訴えに解決策を出したつもりでいますから、いったい何が不満なのか分からないと困ってしまうわけです。

女性としては、自分の大変な思いを分かってほしい、共感してほしいという思いを抱いていますから、まずは相手が自分の話に耳を傾けて大変だったと理解してくれるだけで気持ちが落ち着くことがあります。さらに、いつも頑張ってくれていて助かるなどと自分の努力を認めてもらうことで満足できることもあるのです。

男性は、問題があるなら早急な解決策が必要だと思うかもしれませんが、多くの女性にとって最も大事なことは、相手がじっくり耳を傾けてくれること、そして過程に寄り添ってくれることなのだと思います。

そのため、女性は人に何かを相談するときも、自分ではなんとなく決めているのに、誰かに話を聞いてもらって賛同してほしいとか、背中をちょっと押してもらいたいだけということも多いです。

ですから、一般的に女性の話を聞く場合は、むやみに結論を急ぐよりも共感を示したほうが、コミュニケーションはしやすくなると思います。一方、男性に話をして何かしてもらいたいときには、結論からズバリ入るといいと思います。

それぞれのとらえ方や感覚の違いを理解し合い、相手に合わせた接し方をするということです。

男性は縦社会で生き、女性は横社会で生きている

茂木健一郎さんの同じ本のなかで、「一般的に左脳優位の男性は一つのことに深くこだわる傾向があり、右脳優位の女性は人とのつながりや絆に興味をもつ」と述べています。実際に私もその傾向を強く感じることがあります。

世間ではよく「男性は縦社会で生き、女性は横社会で生きている」などといわれます。男性はヒエラルキーや上下関係などの縦の関係を大事にし、女性はフラットな横並びの関係を大事にするという意味で、私もその傾向は強いと思います。

しかし組織には、縦の関係も横の関係もどちらも大切です。横並びで仲良くつるんでいるだけではいつまでも目標を達成できませんが、上下関係に縛られて上の命令に絶対服従という組織では、上に立つ者が間違いを犯したときに修正できませんし、組織として暴走してしまうリスクもあります。やはり、どちらの志向も大事なのだと思います。

もちろん、男はこう、女はこうだと決めつけるのもよくありません。一般的にはこうした傾向があると思われますが、人それぞれに感じ方や受け取り方の違いがあるはずです。それを忘れずに、相手の反応や受け取り方を見ながら伝え方を工夫することが大事なのだと思います。

自分の強みを活かそう。主婦にも強みはある！

無駄のなかから新しい発想が生まれる

女性はすぐに結論を話さないとか、無駄話が多いとよくいわれますが、そういう視点が大切になることもあります。無駄のなかから新しい発想が生まれることもあるし、寄り道しているときに新しい発見や出会いがあるかもしれないからです。

また、効率を重視し過ぎると、人の気持ちがついてこないこともあります。

例えば、他社では納期などを理由に受けないような注文を、当社では受けることが多々あります。お客さまのニーズに応えることが目的ですし、当社でできるからやっているわけですが、工場などのバックヤードでは多少の無理をしていることもあります。もちろん難しい注文は断ったほうが体制的に無理は生じませんが、そうなると今後の売上や当社の存在意義にも関わってきますから、簡単な話ではありません。

お客さまの要望をなんでも聞き入れられるわけではないけれど、ある程度は柔軟に対応したいといういうさじ加減が難しいのです。これに関しては社内でもよく検討していますが、毎回悩むところです。

この場合、「Aの条件ならBにする」と一定の基準を決めて対応するほうが合理的だという意見もありますが、それではお客さまや社員がついてこない、皆の気持ちが一つにならないなど、さまざまな問題が出てくるのではないかと私は危惧しています。効率や合理性が優先されることで、人の気持ちや感情が後回しにされるのは避けるべきであり、この辺りにこだわるのは、私が女性だからこそだと思うのです。

家事で培ったマルチタスク対応とバランス感覚

私は、長く家事や育児をしてきた女性にも強みがあり、それは企業や組織のなかでも活かされると思っています。例えば炊事や家事というのは雑事が多く、マルチな作業が必要です。複数の家族の食事を作るという作業は意外と大変なことですから、臨機応変で段取り上手でなければ時間もかかってしまいます。

また、子育てをしていると想定外のことも多く、杓子定規の対応ではやっていけません。私もバランス感覚がいいと友達に褒められてびっくりしたことがありますが、もしかしたら子育てをしていると、周囲の状況をほどよく見ながら敵をつくらずに対応していくというバランス感覚が、知らず知らずのうちに育つのかもしれないとも思います。

それに加えて、女性は男性に比べて力は弱いかもしれませんが、その分、自分の大事なものに集中して全力で守ろうとする傾向があると感じています。

私は社長になった頃から「社員は子であり、妹・弟である」と話していました。しかし、ある男性の幹部社員から、会社と家族は違うと言われたのです。

私は、社員も自分の家族と同じととらえています。それが主婦だった私なりの感覚なのです。私は社員一人ひとりを結構よく見ていると自負していますが、それが私のできる一番大事なことだと思っているからです。「一隅を照らす、これ国宝なり」と言ったのは仏教僧の最澄ですが、会社で一生懸命仕事に取り組んでいる社員一人ひとりに光を当てたいというのが私の思いです。

いったん守ると決めたら、意外な強さがあるのが女性ではないかと思っています。

それまで専業主婦だった私が会社に入ったとき、私は猛烈に働く社員たちを見て、心底びっくりしたものです。それまで私や周囲の主婦たちがゆっくりランチを取っている間に、男性たちは家族のために、こんなに頑張って働いていたのだ、と気づいたからです。もちろん今は家族のために頑張って働いている女性も増えましたが、当時はその数も少なく、何より男性たちが目標に向かって一心に頑張る姿に感動しました。

また、男性社員たちはいったん私を社長として認めると、その後は全力投球してくれました。もしかしたら、心のうちには納得できない気持ちもあったかもしれませんが、男性というのは比較的、体制が決まると文句などを言わず、積極的に行動する傾向があると思います。

主婦の世界しか知らなかった私は、こうした男性の論理性や責任感の強さに感心したのでした。

ただ誤解してほしくないのは、私は男性らしさや女性らしさといった価値観を押し付けたいわけではないということです。私が感じる男女の違いも、当然のように個人差があります。私が伝えたいのは、人はそれぞれに考え方や感じ方、手段などが違うので、その人らしさをお互いに大事にしたほうがいいということです。

それぞれに強みもありますから、自分の傾向を分析して知っておくことが大事だと思います。どんな人も自分の強みをうまく活かすことで、社会のなかで活躍できるはずです。

過保護や甘やかしは、女性自身のためにならず

男性が間違いがちな、上から目線の「フェミニズム」

私は、男性と女性がお互いに良いところを認め合ったら良い組織ができると思っているのですが、男性社員のなかには、女性社員に対してどう接したらいいか分からない人もいるようです。そのため、見ていて女性に遠慮し過ぎていると思うこともあります。

例えば男性社員に対しては強く言えるのに、女性社員が何をしても「いいよ、いいよ」で済ませてしまう上司もいます。「女性は機嫌良くやってくれていたらいい」と

言って面倒な仕事や大役を任せない人もいます。

また、女性社員を心配して一から十まで守ろうとしてしまう男性の上司もいます。彼としてはその女性社員のためを思ってお膳立てをしているつもりでも、実は彼女の成長を奪っていることもあるのです。もっとも男性中心の会社で女性が主導権をもって仕事を進めていくためには、引き上げてくれる上司も必要なので、難しいところです。

しかし、女性社員も自分自身でいろいろ体験しておかないと、あとで困るのは自分です。自分が分からないことがあったら分かる人を探し、困ったことが出てきたら誰かに相談やお願いをし、失敗したときには我が身を振り返って良くなかったところを直していくなどの行為を通して、人は成長していきます。さらに、自分自身で周囲や他部署の人、取引先などと接点をもち、関係性を築いていくことが大事ということをキャリアを望む女性には意識していてほしいと思います。

男性上司が女性社員を甘やかし過ぎると、どちらのためにもなりません。甘やかされた人は成長していけませんから、実はこれも一種のセクハラといえるのではないかと思っています。

男性のなかには、女性の扱いは面倒で仕事を振りたくないと思っている人もいるかもしれませんが、これからの企業では女性の存在は欠かせません。「触らぬ神に祟りなし」という態度で女性に大役や難しい仕事を任せないのは、女性の成長を阻害している可能性もあるということを、覚えておいてほしいと思います。

女性こそ強い芯をもとう

女性自身も、周囲に守られ過ぎると、あとから自分が大変な目に遭うかもしれないということは自覚しておいたほうがいいと思います。自分自身がしっかりしていかなければ、いつまでも手を引っ張ってくれる人がいるとは限りませんし、私は女だからと言って逃げてばかりいたら、信頼されなくなってしまいます。

5年後、10年後に自分がどうなっているかを考えながら、日々の仕事をすることが重要です。守ってくれる上司がいたとしてもなるべく一人で対応し、自分から進んで交渉することでステップアップしていけます。また失敗するのが怖いからと言って逃げ続けていたら、ますます挑戦することが怖くなってしまいます。失敗から学ぶことで、さらに成長していけるはずです。

ずっと不機嫌でいる女性には、ひょっとしたら甘えの感情もあるのではないかと思います。厳しいことを言うようですが、女性の少ない職場に心細さを感じる人がいる反面、男性なら通用しないような甘えの気持ちをもってしまう人もいるのではないかと思うのです。女性のことが分からないという理由で強く言えない男性の上司に甘えて、自分の不機嫌をずっと押し通してしまった女性たちです。

女性は真面目で丁寧で、よほど男性よりガッツがあるという言葉を聞くことも多いこの頃ですが、私自身も含めて、女性にはまだまだ甘やかされている部分もあると思っています。誰かがなんとかしてくれる、周りがフォローしてくれるという甘えがあるうちは、成長していくことができません。

私は日頃から、女性こそ自分の芯をもつようにと女性社員たちに言っています。自分から進んで行動していかないと、人は伸びていきません。どんなときでも、自分にやれることはないか、もっと良い方法はないかと前向きに行動できれば、必ず成長していくはずです。

涙がこぼれても、自分を卑下しなくてもいい

女性はヒステリックと言われないために

女性は機嫌良くやってくれていたらいい、といった言葉の背景には、女性は感情的だという認識があると思います。以前夫の母でもある権藤が、男性が怒っても何も言われないのに女性が怒るとヒステリックと言われてしまうから女性は損だという話をしていて、私も確かにそうだとうなずいたことがあります。私自身も会議などでも少しきついことを言っただけで、感情的とかヒステリックになっているとか指摘されたこともあるからです。

女性はヒステリックではないときっぱり言い切れないのは、私自身もつい感情的になってしまうときがあることを自覚しているからです。一般社員と一緒の会議では冷静で論理的であることを心がけながらも幹部社員だけの会議などではつい感情的になってワーッと非論理的に話してしまうことがあります。社長になったときに論理的に話すトレーニングをしてから年数が経った最近は、気が緩んでいるなと反省することもあります。そんなときには社員から「社長、今日の会議では女が出ていましたよ」と言われ、ハッとしたものです。

だからこそ気をつけなければいけないと最近改めて思います。もちろん、これも男女差ではなくて個人の資質の問題です。女性でも常に冷静な人はいるし、男性でも感情的に怒鳴る人はたくさんいます。

一般的には女性のほうが感情的だと思われてしまっているので、そう言われないように特に気をつけたほうがいいということです。

女性は男性より声のトーンが高いのでまるでキャンキャン言っているように聞こえて迷惑がる男性もいます。私自身も以前ある男性に高い声が耳障りだと言われて以来、なるべく低い声を出すようにしていたこともありました。男性が多い社会に入っていく際には、多少面倒でも男性に合わせることも必要だと考えたのです。お互いに気持ちよく働くために。

「女の涙は汗だと思いなさい」

女性経営者として有名で知人でもある日野佳恵子さん（株式会社ハー・ストーリィ代表取締役社長）の言葉が、私には印象的に映ります。

「女の涙は汗だと思いなさい」

日野さんは、女性の涙を見たら男性はオロオロするかもしれないけれども、女性というのは男性よりも泣くことに抵抗がない、女性にとって涙は汗のようなものであると表現したのです。

確かに、男性は周りに弱みを見せたくないため不安や悩みはあまり口に出さないことが多い一方、女性は弱音を吐きやすい傾向にあるように感じます。女性には、誰かに背中を押してもらいたいという人が多く、弱音も本音ではないことがあります。そして、女性は男性よりも弱音を吐くけれども、長い目で見たら打たれ強いということもあると思います。

ですから、私は女性の涙を見たら、少なくとも「女性が頑張っている証拠」だと考えています。ただし、それを甘えるための道具にしてしまうと、結局は感情的だと思われて女性自身のためになりません。

もしも女性が弱音を吐いたり涙を見せたりしたら、周囲の男性はどうすればいいのかというと、まずはじっくり話を聞くことだと思います。女性は誰かに話を聞いてもらうだけで、すっと落ち着くこともありますし、背中を少し押してもらうだけで元気が出てくることもあるからです。

私自身、何度社長を辞めますと言ったか分かりませんが、そう言いながらも、自分で続けることを決めていました。ただし、この時期に社員たちに支えてもらったことは、非常に大きな励みになりました。支えてくれる人たちがいたからこそ、続けることができたと感謝しています。

女性の涙は、生物として男性には体力的に劣る自分を守るための武器だという説もあります。男性には理解しがたいものかもしれませんが、互いに相手のことを分かろうとする努力、そして自分のことを分かってもらう努力が必要です。

多様化の時代には、男女が互いの良さを認め合うことが大事

男女両方の視点が必要

以前、女性がたくさんいる会議は時間がかかると言って、批判された政治家がいました。確かに話が飛びやすい女性やおしゃべり好きな女性も多いです。

しかし、これは悪いことばかりではないと思うのです。確かに無駄は多いかもしれないけれど、たくさんのことを話せるのは興味の対象が広いともいえるし、ちょっとした知り合いとも話ができるコミュニケーション能力があるともいえます。

私が社長になったばかりの頃、会議のあとに男性社員から、女性が一人入るだけで

会議がこんなに変わるのかと驚かれたことがあります。その会議は新製品を考える目的で開かれ、私が自由に意見を出して話があちこちに飛んだ結果、さまざまなアイデアが出てきてとても充実した中身になりました。その男性社員は、きっと良い意味で言ったのだろうと前向きに解釈しています。やはり男性だけの社会に女性の考えが入ることで違う発想も出てきますし、男性も女性も両方いてこそ、組織としてバランス良くなっていきます。これからも、女性社員たちにはどんどん意見を出してもらって会社を変えていってほしいと思っています。

とはいえ、どうしても立場が上にならないと発言しにくいこともありますから、周囲を説得できる知識や実績、さらに自信を身につけて、堂々と自分の意見を言えるような女性を育てるのが私の夢です。

昭和の高度成長期は、決められた目標に向かって一直線に進めばいい時代でした。正解がはっきりしており、一人の強力なリーダーの指示に従っていればよかったのです。

ところがそうした時代はすでに終わり、今は経済環境が複雑になっただけでなく、テクノロジーも著しく進化し、グローバリゼーションも活発化しています。先の予測が難しい「ＶＵＣＡ（Volatility：変動性、Uncertainty：不確実性、Complexity：複雑性、Ambiguity：曖昧性）の時代」などと呼ばれていますが、先がまったく読めない時代には柔軟に対応できる組織が必要です。

こうした多様性の時代には、男性の視点だけでなく、女性の視点も大事です。また閉塞感のあるときだからこそ、目的に向かってまっすぐに進むだけでなく、他者に共感できる能力も求められます。男性と女性がともに良さを認め合いながら、それぞれの強みを出し合って愉しく働いてほしいと思います。

また、男性女性にかかわらず、これからの時代には一人ひとりの感性を活かすことが求められると思っています。5年ほど前、ふらっと立ち寄った書店でタイトルに惹かれ、何気なく手に取った書籍があります。山口 周さんの『世界のエリートはなぜ「美意識」を鍛えるのか？　経営における「アート」と「サイエンス」』（光文社）です。そこには「何でもインターネットで情報を集められる時代になったことで、集めた情報を基に話すことは誰にでもできる。しかし、得た情報をそのまま話すのではいけない。その情報をいかに自分のなかに落とし込み、自分らしく伝えるかという『感性』

が大事なのである」というような内容が書かれていました。私はこの考え方にとても共感し、同じことを考えている人がいるのだととてもうれしくなったことを覚えています。

世の中では男女平等が当たり前になり、女性が男性の付属のように思われてきた時代から、ともに肩を並べる時代になりました。そんな状況で男女がお互いに、相手が分かってくれないと言い合っていても仕方がありません。

これからの時代こそお互いに尊重し合い、一人ひとりの感性を受け入れられることを願っています。

第4章
今が雛《ピコリーノ》でも大丈夫
一歩を踏み出し
大空へ羽ばたこう

街を守り、人を癒す。社会に貢献できるのは何より幸せなこと

洋服を着たピコリーノ

当社の主力製品である車止めは、多くの人や建物を車両から守っています。実は、車両のペダルの踏み間違いによる事故は、全国で1日に平均10件も起きています（3845件／年間。平成31年のデータ）。店舗などへの突入事故の多くはドライバーの誤操作が原因で、建物と駐車場の間に車止めを設置することで、多くの事故を防いでいます。

私は笑顔あふれる街をつくることが会社の使命だと思っています。公園や学校の入

口などに設置されている「ピコリーノ」は、ありがたいことに最近メディアで注目されるようになりました。全国各地にあるピコリーノが『がっちりマンデー!!』（ＴＢＳ系列）や『タモリ倶楽部』（テレビ朝日系列）といった番組で紹介されたほか、いくつかのマンガでも取り上げられました。さらに２０２２年には、カプセルトイにもなっています。

驚くのは、このピコリーノの小鳥に手づくりの洋服を着せてくださる人がいることです。

私が知る限りでは、最初に洋服が着せられたのは、神奈川県の江ノ島電鉄の江ノ島駅前に設置されているピコリーノです。今から20数年前の１９９９年の冬、江ノ島駅前の売店に勤めていた石川カッコさんという方が、外にいる小鳥たちが寒そうに見えたため、毛糸で洋服を編んで着せてくれたそう

です。
最初は駅を通る人が目を留めるだけでしたが、毎月のように洋服を変えていたらそのうち話題になり、わざわざ遠方からピコリーノを見に来る人も出てきました。
クリスマスには鈴を付けたり、梅雨時にはレインコートを着せたり、季節の花の色にしたり、夏にはレースを着せたりするなど、その時期に合わせた衣装にしているうち、来月はどんな服にするのかと聞いてくるファンの方も出てきて、やめるにやめられなくなったそうです。月に2着ずつ編んでいた時期もあったため、石川さんがピコリーノに作った洋服はなんと2000着以上に及びます。

その石川さんの後を引き継いで、現在では小池三四子さんという方が洋服づくりを続けてくれています。今やちょっとした観光スポットになり、街の風物詩として多くの人を癒しているそうです。

ほかの地域でもピコリーノに洋服を着せてくれる人が出てきました。

川崎市の等々力陸上競技場近くの小鳥たちは、サッカーの試合が行われるたびに手づくりユニフォームを着せてもらっています。これを作って着せてくれているのは、「ピコリーノの仕立屋さん」という川崎フロンターレのファンの方で、チームのユニフォームに合わせてこれまでに200着以上も作ったそうです。地元チームのユニフォームだけでなく、対戦相手のユニフォームも着せられていて、サッカーファンを盛り上げています。ちなみに、その様子は仕立屋さんのTwitterで見ることができます。

２０２２年3月には、１カ月前から始まったロシアのウクライナ侵攻を受けてウクライナの国旗カラーの衣装をまとい、尻尾に花を付けた小鳥たちの写真と一緒に、「一刻も早く／平和が戻ってくるようにと／祈りを込めて」という言葉がTwitterにアップされていました。同年の12月にはＦＩＦＡワールドカップカタール２０２２にちなんで、日本チームのユニフォームと日の丸を身につけたピコリーノがお目見えしました。

川崎市の夢見ヶ崎動物公園のピコリーノも、心優しいファンの方が20年近くも洋服を着せてくれています。季節ごとの装いは、ファンサイト「みさとワールド　夢見ヶ崎動物公園」というホームページで見ることができます。

皆さんが自然発生的にピコリーノの小鳥に洋服を着せてくれていることは、私にとって本当にうれしいことであり、非常にありがたく思っています。

こうした活動が広がって、２０２２年に開業１２０周年を迎えた江ノ島電鉄開業記念企画として江ノ電沿線新聞社主催の「江のピコ編み物グランプリ」が開催されました。そこで「江のピコ（江ノ島駅のピコリーノ）」の毛糸編みコスチュームを募集すると、なんと130人もの皆さんが思い思いの小鳥たちの洋服を作って応募してくれたのです。

私も審査員の一人として参加し、ユニークでよくできた衣装ばかりで選ぶのに苦労しましたが、社員たちが一生懸命作ってくれている製品を、こんなに愉しんでくれる人が大勢いることに社長としてたいへん感激しました。あまりにも素敵な作品ばかりだったので、後日応募作品をすべて載せた冊子も制作し、ピコリーノがどれだけ愛されているかを実感したイベントとなりました。

ピコリーノが地域の人を結ぶ

ピコリーノはほかの地域でも愛されています。

広島県にある認可保育園のうじな保育園には、ピコリーノが19基並んでいます。

２０２２年春の園舎改装の際に駐車場と歩道の間に車止めを設置するとき、園長先生が普通の車止めだと子どもたちが上に乗って遊んでしまうからと、ピコリーノを選んでくれました。小鳥たちがずらりと並んでいるのは壮観な眺めで、子どもたちも喜んでいるそうです。

すると、保育園の近くに住んでいる方が、このかわいい小鳥たちに洋服を着せたいと思いつき、ご自分一人だけでなくご近所のデイサービスの利用者さんたちにも声を掛けて、編み物で洋服を作り始めました。２０２２年秋にはピコリーノに服を着せるお披露目会も開かれました。クリスマスの季節にはサンタさんの服を着せたりするようです。

ピコリーノの服を編みに来ませんかと、私も誘われているのでそのうち訪問するつもりです。

社員と一緒に宮城県女川町を訪れたときには、高台にある役場の入口近くに、ピコリーノを見つけました。２０１１年3月の東日本大震災による津波で町のほとんどの建物が破壊されてしまった地域で、震災のときも、小鳥たちはここから街の皆を見ていたのかと思うと、私は涙が出てきました。

また、東北地方のある取引先の方は、震災のがれきのなかにピコリーノが健気に立っているのを見て、私のことを思い出したと言ってくれました。私と知り合いになった方々はよく「ピコリーノ、見つけたよ！」と写真を送ってくださいます。また、当社の広報担当の社員がWEB上に作ったピコリーノマップには全国から寄せられたピコリーノ情報がどんどん更新されていっています。

人を喜ばせることが仕事の核

全国各地でたくさんの人々がピコリーノに親しみや癒しを感じてくれるのは本当に光栄なことです。ピコリーノは決して主軸の製品ではありませんでしたが、考えてみれば企業理念の「Let's smile！」や「笑顔あふれる街づくり」という言葉は、ピコリーノの存在がなければ出てこなかったかもしれません。

ピコリーノには小鳥が4羽いて、うち1羽だけ少し離れた位置で違う方向を向いています。同じポーズの小鳥が等間隔に並んでいても面白味に欠けるからと、1羽だけ「はぐれ鳥」をつくったことで情緒が生まれ、この鳥はどうしたのかと見た人の想像をかきたて、そこからきっとさまざまな物語が広がっていきます。

この製品を作った当時の専務であり夫の母でもある権藤はよく「夢と機能の融合」という話をしていました。機能はもちろん大事ですが、街の人たちが夢をもって豊かに暮らせるお手伝いをしたいということです。これも私をずっと支えてくれた大切な言葉です。

実はピコリーノには途中で製造をやめる話もありました。ピコリーノは1981年に初代が作られましたが、次第に型が古くなり、2006年に廃番の危機を迎えていたのです。

初代の型は権藤が海外で見た小鳥の置物をモチーフに作られていましたが、残すなら、新たに型を起こす必要があるため、これを機にデザインも一新しようという声が出ました。しかし、それにはお金がかかります。当時は売上が最も低迷していた頃でしたから、廃番にするか新しく型から作るかで社内も割れていました。

そして新しく型を作ることに決まり、次は作家探しに苦労したのですが、縁あって広島県在住の人気鋳金作家の村中保彦さんと出会い、2代目ピコリーノの型の製作を受けてもらえたのです。

新しい型のピコリーノが私の社長就任と同時期だったこと、作家の村中さんが広島県在住だったことには、改めて因縁を感じます。私は、ピコリーノは先代からの私への置き土産と思ってきました。そして私と2代目ピコリーノは一緒にスタートしたのです。


ピコリーノは人の記憶に残る製品で、顧客にも、あの鳥の車止めだと認知していただくきっかけになっています。そういった製品は多くはありませんから、その分、社員たちの思い入れも強いようです。けれどもまさか洋服を着せてくれる人がこれほどたくさんいるなんて思ってもいなかったし、皆さんがこんなに注目してくれるなんて、思いもしませんでした。その意味でも、ピコリーノは会社の根底を支えた大事な製品です。

自分たちの製品に価値や喜びを感じる人たちがいるというのは何よりうれしいことです。そして自分たちが製品を作ることで街を守り、人を癒し、社会に貢献できるとしたら、こんなに幸せなことはありません。今後も人に喜んでもらえるような製品を作っていきたいし、私個人としても誰かが価値を感じてくれるような仕事をしたいと思っています。

いきなり成果を求めず、長い目で見る

次の仕事に結びつくのをじっくり待つ

ピコリーノは長い時間をかけて当社を支えてくれました。そのように、時間をかけてこそうまくいくこともあります。

例えば、私は社内提案制度をつくって、何かあるごとに社員から広く意見を求めているのですが、それを面倒だと言う社員もいました。すぐにいいアイデアが出るわけではないし、その意見をまとめるのが大変だから、決まった部署の人が新企画を考えればいいという意見もあったのですが、私はそれには反対でした。

もちろん、すぐにいい企画やアイデアが出てくるとは限りません、しかし、「こういうテーマで新しい提案や企画を募集しています」と発信することで、多くの社員が考えるきっかけや当事者意識をもつようになります。

もちろん全員が参加してくれるわけではないけれど、なかには、新たなモチベーションに発想をつなげられる社員も出てくるのではと思います。社内を活性化するためにはそういうプロセスこそ大事で、何度も企画やアイデアを出しているうちに企画力や行動力が研ぎ澄まされてくる社員が出てくる可能性もあります。

売上を上げることは大事ですが、何もかも短期間で成果に結びつけようとは考えてはいません。そうした歩みをまどろっこしいと感じる人もいるかもしれませんが、いきなり成果を求めずに、先の仕事に結びつくのを待つことも大事だと思います。

次世代の事業というのはそういうところから生まれてくると信じているし、社員それぞれが当事者意識をもたないと、これからの激動の時代には対応していけないと思っています。

部署を横断するプロジェクトチームで結束を固める

当事者意識をもつことは、とても大事です。

例えば私が入ったばかりの頃は、新製品は技術開発部門の人が作るのが当たり前でした。製品を売る営業部門の人たちは「技術開発はもっと売れるものをつくってくれ」と言うだけで、そう言われた技術開発の人たちは「営業は文句ばかりで、何のアイデアも出さない」と言って対立していました。

そこで、私は営業や技術開発、製造などの部署を超えた横断的なプロジェクトチームをつくってみました。すると、営業の人も自分が開発から関わっている製品なので、一生懸命に売ろうとします。「技術開発が出したから売る」ではなくて、「自分がゼロからかかわった製品だから、真っ先に売りたい」に変わったのです。「新製品を作るのは技術開発だけ」という意識だと、営業はそこまで当事者意識をもてません。

また、技術開発や製造の人は、プロジェクトチームの営業担当者から顧客の言葉を直接伝えてもらうことで、やる気が出たそうです。納期がタイトで大変なのに無理して作ってくれてありがとうと喜んでくれていたなどの御礼の言葉を伝えたり、現場の写真などを見せたりすることで、モチベーションアップに結びついたのです。

効率面だけを考えれば、技術の仕事は技術だけ、営業の仕事は営業だけが把握していればいいし、最初から分業化するほうが作業は早いでしょう。製品開発会議に多部署の意見やアイデアを入れていると、収拾がつかなくなることもあります。

しかし、そうやって部門間を区切って自分たちの言い分を主張し合っているだけでは、お互いを理解することもできません。効率以外にも大事なことはあるということを学ぶのに、部署を横断するプロジェクトチームの試みは最適でした。

また、製造や技術といった部門の人たちは、普段、顧客やエンドユーザーと接することはありません。こうした部門の人たちに当事者意識をもって仕事をしてもらうためには、顧客やエンドユーザーに近い人が、なるべく具体的な反応や情報を伝えることも大事だということがよく分かりました。

今は、東京と広島の両方にプロジェクトチームができていて、グッドデザイン賞に選ばれた製品の開発を行うなど、有機的に活動しています。

また、会社としてお祝いでお花を贈り合うことも多いです。社員たちは管理部にお花の手配を頼み、贈る相手を伝えます。そして贈って終わりではなく、あとで贈られたお花の写真を撮って見せてあげることで、担当の社員もうれしくなりさらにモチベーションが向上します。このような事務的ではない自発的な交流が増えることで、部署や支店を超えてアドバイスをし合える良い文化ができあがっていくのです。

つらいと感じるときは、一段上の挑戦をしているときかもしれない

待っていても、アイデアは空から降ってこない

社内提案制度やプロジェクトチームなど、私がさまざまなことを試しているのは、旗ポールと車止めに次ぐ「第3の柱」を見つけたいと考えているからです。創業時に旗ポールができ、創業から10年あまり経って車止め業界に参入しました。その2つが成功したことで、社内では「新製品をつくり出さなくては」という危機感がそれほど大きくありませんでした。

父の代からも次代の大きな柱になるような製品を模索していましたが、社員たちに

はどこか「誰かがいいアイデアを出してくれるはず」という他人任せな空気があり、積極的に探そうという気運もありませんでした。

しかし、ただ待っているだけでは空からアイデアは降ってくることはありませんし、口を開けていたらおいしいお菓子が空から降ってきて、口の中に入るなどということはまずないのです。

地道に這いつくばってでも探さないと種は見つかりませんし、種がなければ、絶対に芽は出てきません。だから、誰かが考えてくれると思わずに、自分たちで積極的に探しに行き、一つずつ試してみる必要があるのです。

もちろん、大きな事業につながるような製品を見つけるのは簡単なことではありません。しかし、いろいろ試してみないと分からないのだから、まずは思ったことを一つずつやっていくしかないのです。

試行錯誤しているうちにフットワークも軽くなってきます。以前の製品で試した実験方法が使えるとか、ほかの製品で使った素材が使えるとか、この製品は失敗したけれど、この技術はほかに応用できるなど、新しい挑戦への参入障壁がどんどん低くなっていくからです。

しかし、普段から何もしていなければ、良いアイデアが出てきても、失敗しそうだからできないとか、コストがかかるから無理だという反応になりがちです。以前の当社はそういう会社でした。

最初から失敗するとかうまくいかないなどと決めつけず、試しながら探していかなければいけません。また、そういう時期も必要です。すぐに種が見つからなかったとしても、這いつくばっているうちに実力がついてくるかもしれませんし、探している姿を見て手を差し伸べてくれる人もいるかもしれません。他社から声を掛けてもらい、一社だけでは不可能なことにトライするやり方もあります。

これは、会社だけでなくて人も同じです。自分のなかで準備ができていないと、チャンスが来たときにパッとつかめないのです。その前に、チャンスに気づくこともないかもしれません。普段から地道に準備しておかなければチャンスの波には乗れないし、今、自分ができることを精一杯やっておかないと次の可能性は見えてきません。

それに、一生懸命やって自分なりに種を探し続けている姿は、必ず誰かの目に留まります。一生懸命やっている人がいたら、上の人は「この人はこういうことがしたいのか。だったら、こういう部署やこんな仕事はどうだろう？」ということを考えますが、このままでいいと思っている人に対してそういう発想は湧いてきません。人が懸命に頑張っている姿を見て、周りの人はチャンスを与えたいとか、引き上げてあげたいと思うことがあるのです。

つらいときは自分が成長しているときだと考えてみる

今、仕事が大変と感じている人もいると思います。しかし、それは自分より少し上の段階に挑戦しているときなのです。仕事を難しく感じるときというのはハードルが上がっているときといえますから、その分、自分の思考や意識のレベルもグンと上がり、まさに成長しているところなのです。そして、奮闘している姿を多くの人が見ているはずです。

もちろん、ブラック企業などで業務過多やハラスメントに追われているような場合であれ話は別です。そういう企業からは離れるべきですが、仕事がラクだからと言ってそれに甘んじていたら、物事を深く考えなくてもよくなり、ルーティンのように仕事をこなしていくだけになってしまいます。それではビジネスパーソンとしての成長はありません。難しい課題に自分で模索しながら、解決方法を見つけていくことで視点も広くなり、スキルも磨かれていくのだと思います。

今になって考えると、就任から5年間のまさに地べたを這いつくばっていた時期も、私にとっては必要な時期だったと思っています。もう辞めようか、いつ辞めようかと悩みながらなんとか踏ん張っていた5年間があったからこそ、さまざまな経験ができましたし、結果として成長もできました。あの頃、つらい毎日を繰り返しながらも毎週金曜日の夜にヨガに行き、心地よい仲間とともにヨガをすることで心も体も癒されて元気になれていたなと、当時を思い出しては懐かしくなります。

自分が動くことで、世界は少しずつ変わっていきます。いきなり変わることはまれで、変えるためには地道な努力が必要ですが、周りに期待しているだけでは何も変わりません。まずは自分から動くことが大事なのです。

高い山を目指しながら、目の前の一歩を進めよう

環境のせいにせず、自分を磨く

　苦しいとき、しんどいときは先が見えず、まるで雲に覆われた高い山の頂上を目指して山登りをしているようなつらさがあります。私も大変な時期は、上に行きたいと思っても雲がかかっていて何も見えないような気持ちがしていました。

　そういうときでもまずは目の前の道を一足ずつ歩いていくしかありません。高い山の頂きを目標にしながら、着実に一歩ずつ歩を進めていったらいいのです。するとある日、自分がずいぶん高いところまで登っていることに気づくはずです。

一方そうではなくてヘリコプターで一気に山頂まで登りたいという人もなかにはいます。そういう人は、目指す世界が明確に見えている人だと思います。しかし、登り方は人それぞれですから、自分に合った登り方でいいのです。

ほぼゼロから始めて「小さなマーケットの大きなシェア」を叶えた父は、やはり私の考えと同じように頂上を目指しつつ、足元をしっかり固めていく戦略を取っていました。

女性の働き方に関しても、同じようなことを感じています。昨今は「もっと女性の権利を高めよう」という論調が盛んです。もちろん女性の権利向上は大事なことですが、それを言っているだけでは現実はあまり変わっていかないと考えています。

女性の権利という高い山を目指すためには、女性もまず自分を磨いて一歩ずつ歩を進めることが大事だと思います。例えば、「もっと社会や会社に役立つような仕事を目指そう」とか「自分がやっていることは誰かを喜ばせているだろうか」「自分は価値をつくり出せているか」といった高い視点をもちながら、目の前の仕事にしっかり取り組む、などです。

制度や社会が悪いと言うよりも、まずは自分自身を磨くのです。自分を磨いて一生懸命に努力していたら、それを応援して背中を押してくれる人が現れると信じています。一人前のビジネスパーソンとして見てもらうためには、まずは目の前のことにしっかり取り組むことが大事だと思います。周りが悪いと言っているうちは成長なんてできないのです。

道に迷ったときは、自分の本心としっかり向き合おう

どんな人も自分の人生の主人公

誰でも、自分はすごく頑張っているのに報われないと思ってしまうときはあります。もちろん上司に恵まれないこともありますし、社風や仕事内容が自分に合っていないこともありますから、しばらく仕事を真剣に続けてみたけれど、この環境は自分にとって良くないと考えたら、その場を離れるという判断もありだと思います。

大事なことは、続けるにしろ辞めるにしろ、これからどうするかを主体的に考えることです。つまり、どんなときにも自分の軸をもつのです。

まず、自分の人生にとってそれは必要なことなのかどうかを考えてみることです。ここでやめたらもったいないと思うのか、やめてもいいと思うのか、自分で決断する覚悟をもつことが大事です。

私も、迷ったときや落ち込んだときは、誰もいない実家にこもって一人でじっくり考えていました。時に人生にはそういう時間も必要なのです。そのときはつらいと感じますが、自分と向き合って自分で決めるという体験が自分を大きく成長させるのです。

どんな人であれ、自分の人生の主人公は自分であるということを忘れてはいけないと思います。そうでなかったら、他人のことを大事にはできません。

誰かに褒められたいとか、人から認められたいという気持ちだけでは物事は長続きしませんし、つらいときを乗り越えられません。自分は本当にそれをやりたいのか、なんのためにやるのかをきちんと考えることが大切です。

相談できる人や愚痴を言える人を大事にしよう

日頃から心を開ける人をつくっておく

物事は自分で決めることが大事ですが、何事も自分一人だけで答えを出さなければいけないと考えていると、しんどくなります。そういうとき、少数でいいから心を開いて相談できる相手がいれば大きな救いになるはずです。気が合って、信頼できる人です。

私の場合、社長になりたての頃に、自分より年上のある女性経営者によく相談していました。その方も予期せずに社長になられたので、私の立場も思いもよく分かってくれたようです。困ったときや行き詰まったときなどに少し時間を取っていただき、いろいろアドバイスをしてもらったり、経営についても教えてもらったりしました。一人で考えていたら煮詰まってしまい、どうしようもなくなるときもありましたが、彼女のアドバイスやアイデアで、ふっと心が軽くなったこともありました。

また社内に「このことなら、あの人」という人を見つけておくことも大切です。就任当時はつらいことばかりでしたが、最初に気がラクになったと感じたのは、この分野ならあの人に聞けば大丈夫、任せても大丈夫という人が見えてきたときでした。一人で全部やらず、人に頼れることは頼ったほうがいいと思います。

先輩でも、他部署の人でも、会社以外の人でもいいと思いますが、何かあったときに相談できる人がいると、新しい道が開けることや安心できることもありますから、そういう人がいたら日頃から大事にしておきましょう。また、相談する際は、ある程度自分の心を開いて相談すると、相手も親身になって聞いてくれるはずです。

失ってから気づく心の支え

私の夫が亡くなったのは2016年5月でした。

私が社長に就任してから約10年、会長から相談役を務めた夫ですが、彼が生きていた間、私は夫に依存などしていないと思っていました。専業主婦の間は経済的に依存していたことになりますが、私が社長になってから夫が経営についてアドバイスをくれることも、手伝ってくれることもなかったからです。しかし亡くなったあとに、夫は私が責任転嫁できる唯一の人間で、その存在自体が頼りになっていたことに気づきました。

私は心のどこかで、夫がしっかりやってくれないから私がやらなくてはならないと、夫のせいにしていたのです。実をいうと、私は仕事を愉しんでいたし、充実感も味わっていました。それなのに夫のせいにしていたのは、無意識に夫に責任転嫁することで自分がやらなければいけないという原動力や拠りどころにしたかったのだと思います。夫は、私がそうできる唯一の存在であり、その存在があったからこそ私は頑張ることができたのです。夫に愚痴を言いつつ、実は心の支えになっていることも多かったと思います。

夫を失って思うのは、責任転嫁できる人や愚痴を言える人は貴重な存在ということです。夫の存命中は文句を言える相手がどれだけ自分を支えてくれているかなど考えたこともありませんでしたが、振り返ってみれば黙って話を聞いてくれるだけでありがたい存在です。

きっと誰にでも、無意識のうちに心の支えにしている存在がいるはずです。もちろん夫婦やパートナーはお互いさまですから、いつも話を聞いてくれてありがとうなんて感謝の言葉をいちいち言う必要はないと思いますが、大人になってから本音や愚痴を聞いてくれる人の存在が貴重だということは、どこかで意識しておいたほうがいいと思うのです。

親やきょうだいにも言えないような話を聞いてくれる夫や妻、パートナーを大事にしておくと、互いの関係性もうまくいくようになり、毎日を乗り越える力になるはずです。

いて当たり前の存在だった夫がいなくなったとき、母を亡くしたときと同じ感覚を味わいました。それまでは精神的な支えだったけれども、母が亡くなったときに、今ならもう母がいなくても大丈夫だな、とぼんやり思ったのです。とても不思議なことに、「もう大丈夫」と思ったときにまるで役目を終えるように今まで支えてくれていた人がすっといなくなるのです。心の準備ができていないときにいなくなったら、パニックになっていたのではと思います。

母の介護をしているときも、夫の母の介護をしているときも、振り返ってみたら常に親戚や知人など誰かがそばにいてくれました。

このように、そのときはあまり意識していなくても、自分を支えてくれる存在があったからこそ、私はなんとかやってこられたのです。もちろん、社員たちの存在も大きな支えです。

私自身は不器用で、何事もうまくはできません。周囲の人の支えがあったから頑張ってこられましたし、社員たちが一生懸命動いてくれたことで業績が上がり、会社も大きくなりました。私一人の力だけではどうにもならなかったものが、皆が動いてくれたおかげでうまくいったのです。

だから、私は日頃から自分は運がいいと思っています。自分の力だけでは何事も成し遂げられなかったことをよく分かっているからです。もっとも、社員にも「社長は運がいい」と言われます。運も実力のうち。前向きであることで、運も近づいてくれたのかもしれません。

夫のことでもう一つ、私が社長になって叔父に責められてつらい思いをしているときに彼は私を助けてくれませんでしたが、結果的にはそのほうが良かったのだと思います。もしもそこで夫が常に横にいて私に手を差し伸べていたら、社員が私を助けてくれることはなかっただろうと思うからです。夫が手伝わなかったから、それを見ていた社員たちが、自分たちがやるしかないと私を支えてくれて、私もそれに応えるために奮起できたのです。

夫は生き方が下手な人だったなと思います。元大手メーカーの工業デザイナーで、デザイン的なことのみならず、組織的なこと、技術的なことの新しい考え方を会社に持ち込みました。頭もよい人でしたが独立独歩で、みんなの力を糧にすることが苦手でした。そんな夫が社長になった私を見ている間、どんな思いを抱いていたのかは分かりません。ただ、一見マイナスに思えることでも、長い目で見たらむしろプラスに働いていたのです。人生とはなんと複雑なものかと思いますが、実はこの人の存在があるから、自分は支えられているということに気づくと、相手に対する不満も少し和らぎます。

自分自身の努力は大切ですが、決して自分一人だけで生きているわけではありません。また、自分一人の力だけで自分の人生が回っているわけでもありません。そのことを自覚していると、人生はより豊かになっていくのです。

会長職に退いたあと、夫はずっと会長室に引きこもっていましたが、その間に彼は自分にしかできない仕事をしていました。人知れず、創業からの出来事をきちんとまとめておいてくれたのです。２０２０年に刊行した２００ページに及ぶ創業50周年誌は、彼の残したものが母体になっています。

おわりに

２０２２年12月、私は息子に社長を譲り、会長になりました。息子は私とはタイプが異なり、互いに得意なものや苦手なものも違いますから、息子が社長としてこれから注力することも私とは違ってくるはずです。また私とは違って、息子は本人の覚悟はもちろん、社員や取引先の方からも期待されて社長に就任しました。彼自身が思うようにやっていけば、会社はますます発展していくと信じています。

私がこの会社の社長として成し遂げたこと、それは社風を変えたことでしょう。「昔は言いたいことをなかなか言えない会社だったけれど、今では自由に発言できる、まるで別の会社のようだ」と、ある社員に言ってもらえたときは、元専業主婦の私でも社長としてできたことがあったと心底うれしくなりました。これからは会長として、社員たち、特に頑張っている女性社員たちを見守っていきます。今度は、私が社員たちを後ろから支える存在になるつもりです。

長年、私を支えてくれた社員の一人が２０２２年12月に退職しました。彼が私にピッタリと言って残してくれた言葉「ＣＨＯ（Chief Happiness Officer：企業において、従業員の幸福度を高めることによって企業の成長に寄与する責務を担う専門の役職）」を、これからは会長として名乗っていきます。

私の人生は後半以降、想像していたものから大きく変わっていきました。本当に人生というのは何があるか分かりません。だからこそ目の前のことを一生懸命やるしかないし、やっていれば芽が出てくると思うのです。きっと花が開くと信じて、頑張るしかありません。そして、自分らしく生きるのが一番大事だと思っています。人は自分自身が感じた想いや気づきを大事にして生きるべきだと思うのです。

例えば、もしも現状に不満があるなら、単に文句を言っているだけでなく、なぜ、私はこう感じるんだろう？とか、どうして自分は今、不満をもっているのかな？と自分とじっくり向き合ってみることで、自分のやりたいことが分かるのではと思います。少なくとも現状を変える一歩につながるはずです。

そうした思いや違和感を無視して、周囲に合わせて生きている人もいます。もちろんそういう生き方もあるのかもしれませんが、自分の気持ちと向き合って自分で決めるということを避けていたら、自分らしさは失われてしまいます。

自分の感覚を大事にするということは、働くうえでとても大切です。特に女性の場合、それは言動だけでなく、服装にも表れると思います。私の場合、社長に就任した頃は地味な色のパンツスーツしか着られず、自分を押し殺して毎日を過ごしていたのだなと思います。しかし、自分のなかに社長としての覚悟ができた時期からは、スカートや明るい色のスーツが着られるようになり、今ではスーツやジャケットは着たくない、優しいワンピースにカーディガンがいいと思うくらいにまで、自分らしさを出すことができています。また、ここぞ!!というときに着物を着ます。着物は、私にとって戦闘服なのです。服は女性にとって非常に大切なアイテムです。心の状態に合わせて着たい服が変わっていくことには、自分でも驚きます。着る服は心のバロメーターですね。着たい服で自分の今の状態を判断し客観的に自分を振り返ることで、仕事に対しても明るく前向きに取り組めるのではないでしょうか。

誰かの借り物の人生ではなく、自分だけの人生を思う存分に生きるためには、自分と向き合う姿勢や自分なりの視点を大切にしたほうがいいと心から思うのです。

この本を通して、皆さんが自分らしさとは何かを再確認し、前向きに生きるきっかけにしていただけたらうれしく感じます。女性も男性も、その人らしさを活かして、いきいきと輝ける社会になることを心から願っています。

山根以久子（やまね・いくこ）

1955年生まれ。島根県出雲市大社町出身。

大阪女子大学（現大阪公立大学）社会福祉学科卒業後、結婚を機に専業主婦となった。株式会社サンポールの社長を務めていた父の逝去（2002年）を受け、2006年に同社代表取締役社長に就任。2022年12月に退任し代表取締役会長に就任。旗ポール、車止めを通して全国各地の景観と人々の安全を守る心のこもった製品づくりを心がけ、旗ポールは全国シェア80％、車止めは全国シェア35～40％を占めている。近年では小鳥付車止め「ピコリーノ」が話題となり、累計で1万1000台以上の売上を達成した。

本書についての
ご意見・ご感想はコチラ

私とピコリーノ
働く女性に贈る30の言葉

2023年2月17日　第1刷発行

著　者　山根以久子
発行人　久保田貴幸

発行元　株式会社 幻冬舎メディアコンサルティング
〒151-0051　東京都渋谷区千駄ヶ谷4-9-7
電話　03-5411-6440（編集）

発売元　株式会社 幻冬舎
〒151-0051　東京都渋谷区千駄ヶ谷4-9-7
電話　03-5411-6222（営業）

印刷・製本　中央精版印刷株式会社
装　丁　立石 愛
装　画　鈴木なるみ

検印廃止

ISBN 978-4-344-94154-0 C0095
幻冬舎メディアコンサルティングＨＰ
https://www.gentosha-mc.com/